"十四五"职业教育国家规划教材

# 汽车装饰与美容技术
## （第2版）

主　编　向忠国
副主编　李和平　易建红
主　审　周广春

北京理工大学出版社
BEIJING INSTITUTE OF TECHNOLOGY PRESS

## 内容简介

本书涵盖了汽车外表美容、汽车漆面美容、汽车内表美容、汽车外装饰、汽车内装饰等汽车美容篇与汽车装饰两大篇内容,对目前汽车美容与装饰市场的常规项目进行了全面、深入的介绍。

本书理论与实际相结合,实操性强,并附有大量介绍项目操作流程的图片,适合职业学校汽车美容与装饰专业的学生学习,也适合对汽车美容和装饰有兴趣的读者阅读。

**版权专有　侵权必究**

**图书在版编目（CIP）数据**

汽车装饰与美容技术 / 向忠国主编. —2版. —北京：北京理工大学出版社，2023.7重印
ISBN 978-7-5682-7740-2

Ⅰ.①汽… Ⅱ.①向… Ⅲ.①汽车–车辆保养–中等专业学校–教材 Ⅳ.①U472

中国版本图书馆CIP数据核字（2019）第243094号

| | |
|---|---|
| 出版发行 / | 北京理工大学出版社有限责任公司 |
| 社　　址 / | 北京市海淀区中关村南大街5号 |
| 邮　　编 / | 100081 |
| 电　　话 / | （010）68914775（总编室） |
| | （010）82562903（教材售后服务热线） |
| | （010）68944723（其他图书服务热线） |
| 网　　址 / | http://www.bitpress.com.cn |
| 经　　销 / | 全国各地新华书店 |
| 印　　刷 / | 定州市新华印刷有限公司 |
| 开　　本 / | 787毫米×1092毫米　1/16 |
| 印　　张 / | 12.5 |
| 字　　数 / | 210千字 |
| 版　　次 / | 2023年7月第2版第6次印刷 |
| 定　　价 / | 39.00元 |

责任编辑 / 陆世立
文案编辑 / 陆世立
责任校对 / 周瑞红
责任印制 / 边心超

图书出现印装质量问题,请拨打售后服务热线,本社负责调换

# 前 言

党的二十大报告指出:"我们提出并贯彻新发展理念,着力推进高质量发展,推动构建新发展格局,实施供给侧结构性改革,制定一系列具有全局性意义的区域重大战略,我国经济实力实现历史性跃升。"报告还指出:"坚持把发展经济的着力点放在实体经济上,推进新型工业化,加快建设制造强国、质量强国、航天强国、交通强国、网络强国、数字中国。"汽车工业是国民经济的战略性、支柱性产业。据统计,2021年,我国汽车产销分别完成2 608.2万辆和2 627.5万辆,同比分别增长3.4%和3.8%,汽车产销总量已经连续13年位居全球第一。为了更好地满足交通运输业科学发展的需要,全面落实立德树人,坚持"五育"并举教育,培养更多适应新时代需要的具有创新能力的高技能、高素质汽车技术服务人才是当前职业教育的当务之急。北京理工大学出版社特邀请一批知名行业专家、学者以及一线骨干教师,按照"专业设置与产业企业岗位需求对接、课程内容与职业标准对接、教学过程与生产过程对接"的"三对接"要求,出版了该套图解版汽车职业教育系列教材。

本教材针对职业教育的特点和规律,紧紧围绕高素质技能型人才的培养目标,以能力为本位,以知识与技能并重为原则,以工作过程为导向,以职业活动为主线,以任务为驱动,引入全新的任务驱动式教学模式。本教材结构合理、层次清晰,将汽车装饰与美容的知识和技能进行了有机结合,并且配有大量项目操作工艺流程图,便于学生理解学习,降低知识与技能点的传授难度。

本教材在内容编写上具有以下特点:

1.**教材设计符合职业教育理念。**本教材以就业为导向,强化文化基础教育和技术技能培养,符合高素质中、初级汽车专业使用人才培养需求。

2.任务目标清晰明确。每一个任务开始，设置任务目标，使学生在学习前能明确，从而在后面的学习中做到有的放矢。在任务中设置"知识与能力拓展""评价与反馈"等内容，便于学生能力的提高，强化学生职业素养养成，融入专业精神、职业精神、工匠精神。

3.设置案例任务引领。每一个任务都有来源于岗位实际工作案例导入，学习任务贴近生产实际，便于学生产生学习共鸣，激发学习兴趣，学习目标明确，从而在学习时做到心中有数，有的放矢。

4.教材内容实用简练。内容与生产标准对接，介绍大量企业的典型的工作任务，文字简练、脉络清晰、版式新颖，理论阐述言简意赅，遵循"必需""够用"原则，在保证知识体系相对完整的同时，做到知识技能传授实用和生动。

5.线上线下资源一体化。教材内容与线上教学资源一体化，学生自主学习知识拓展与网络在线教学资源一体化。通过以上要素有机结合，优化教学效果，打造高效课堂。

本书从汽车美容和汽车装饰的常规岗位操作项目入手，详细讲解了汽车美容与装饰的常用材料、工具与设备、技能要求与安全操作流程等基本理论知识和实操技能，可作为职业学校汽车美容与装饰专业的教材，也可作为汽车美容装饰店从业人员的学习参考书籍。

本书是由武汉市交通学校向忠国主编，武汉市交通学校李和平、易建红任副主编，企业技术专家杨雄对本书的编写提供了大量的帮助。本书由武汉市交通学校周广春主审。

限于编者的经历和水平，书中难免有不妥或错误之处，敬请广大读者批评指正，提出修改意见和建议，以便再版修订时改正。

编 者

# 目录

## 第一篇 汽车美容篇

**项目一 汽车外表美容** ·········································· 3
    任务一 清洗汽车外表 3
    任务二 清洁汽车车轮 14
    任务三 清洁汽车玻璃 22

**项目二 汽车漆面美容** ·········································· 32
    任务一 一般美容护理 32
    任务二 漆面封釉 40
    任务三 漆面镀膜 45
    任务四 处理漆面失光 50
    任务五 处理漆面划痕 54
    任务六 处理漆面斑点 59
    任务七 修复漆面 63

**项目三 汽车内表美容** ·········································· 82
    任务一 清洁汽车发动机室 82
    任务二 清洁汽车内室 89
    任务三 汽车室内消毒 100

## 第二篇 汽车装饰篇

**项目四 汽车外装饰** ·········································· 111
    任务一 汽车车身贴膜 111
    任务二 安装汽车大包围 121

任务三　汽车底盘装甲……………………………………………………………… **125**

项目五　汽车内装饰……………………………………………………………………… **132**
　　任务一　装饰汽车座椅……………………………………………………………… **132**
　　任务二　装饰汽车地板……………………………………………………………… **144**
　　任务三　选装内饰精品……………………………………………………………… **153**
　　任务四　安装汽车太阳膜…………………………………………………………… **161**
　　任务五　安装汽车防盗装置………………………………………………………… **167**
　　任务六　安装车载多媒体导航系统………………………………………………… **178**

参考文献…………………………………………………………………………………… **192**

# 第一篇

## 汽车美容篇

# 项目一　汽车外表美容

## 任务一　清洗汽车外表

### 任务目标

(1) 了解汽车美容的作用和常见项目；
(2) 了解汽车外部清洗的作用；
(3) 正确使用和维护相关的工具及设备；
(4) 汽车外部清洗工作符合安全规范。

### 任务描述

在外地出差的张女士回家后，发现自己的爱车沾满灰尘（图1-1-1，清洗前），于是将自己的爱车开到汽车美容店进行清洗。你作为汽车美容店的员工，请根据张女士爱车的车况进行清洗（图1-1-2，清洗后），确保清洗过程符合安全规范。

图1-1-1　汽车清洗前的效果

图1-1-2 汽车清洗后的效果

# 一、资料收集

**引导问题1 什么是汽车美容？汽车美容的作用是什么？**

1. 汽车美容的概念

所谓汽车美容是指针对汽车各部位不同材质所需的保养条件，采用不同性质的汽车美容护理用品及施工工艺，对汽车进行全新的保养护理。这些美容护理产品是采用高科技手段及优等化工原料制成的。它们不仅能使汽车焕然一新，还能让汽车长久保持艳丽的光彩，有效延长汽车的使用寿命。

2. 汽车美容的作用

汽车美容如同人美容一样，已成为一种发展趋势。随着人们生活水平的提高，越来越多的人开始给自己的汽车美容。汽车美容可以起到以下作用：

（1）保护汽车。

汽车漆膜是汽车金属等物体表面的保护层。它使物体表面与空气、水分、日光以及外界腐蚀物质隔离，起保护物面、防止腐蚀的作用，从而延长金属等物体的使用寿命。一旦漆膜被损坏，金属等物体便失去了保护的外衣。因此，注重汽车美容作业，维护好汽车表面漆膜，是保护汽车金属等物体的前提。

（2）装饰汽车。

汽车美容可以使汽车漆膜平整、光泽鲜艳亮丽，保持汽车"美丽的容颜"。此外，汽车装饰也能显示出车主的生活品位。

（3）美化环境。

随着人们生活水平的提高，道路上行驶的汽车越来越多。五颜六色的汽车将城市的道路装扮成一道道美丽的风景线，给人们以美的享受。这些都离不开汽车美容业的贡献。因此，汽车美容对于一座城市的环境是非常重要的。

**引导问题2 汽车美容一般包括哪些常见项目？**

汽车美容大体上可以分为汽车外表美容、汽车漆面美容、汽车内美容

3 部分，所包括的项目如图 1-1-3 所示。

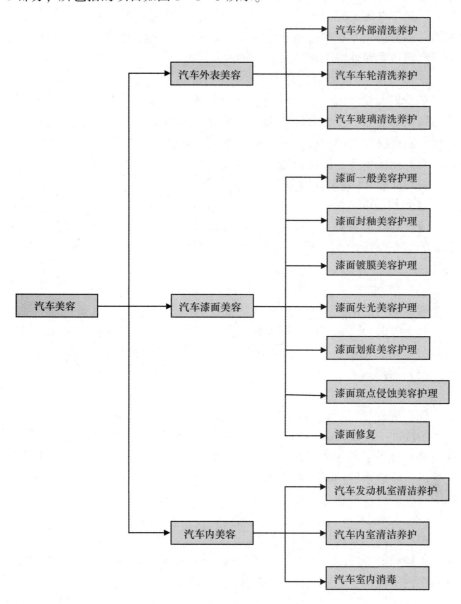

图 1-1-3　汽车美容的分类及项目

**引导问题 3　汽车外部清洗的作用是什么？**

清洗汽车外表面，可以起到以下作用：

1. 保持汽车外观干净整洁

汽车行驶时经常置身于飞扬的尘土或雨雪天气中，有时还要在泥泞道路上行驶，车身外表难免被泥土沾污，影响汽车外观整洁美观。为使汽车外观保持清洁亮丽，必须经常对汽车进行清洗。

2. 防止受大气污染侵害

大气中有多种对车身表面产生危害的污染物，属酸雨的危害性最大。

它附着于车身表面,会使漆膜形成有色斑点,如不及时清洗,会造成漆膜老化。对于漆面上轻微的酸雨,可用专用去酸雨用具清除;而对于严重的酸雨,则需使用专业的设备和清洗剂,以将其彻底清除。为此,车主应定期将汽车送到专业洗车美容店进行清洗。

3. 清除车身表面顽固污渍

车身表面黏附的树胶、鸟粪、虫子尸体、焦油、沥青等顽固污渍,如得不到及时清除,就会腐蚀漆层,给护理增加难度。为此,车主一旦发现漆面黏附有腐蚀性的顽固污渍,就应尽快将其清除。如果已腐蚀漆膜,则必须到专业洗车美容店进行处理。

**引导问题4** 为什么清洗剂有助于清除污垢?

(1) 润湿。

清洗剂对车表面上的污垢点不仅有很强的润湿作用,而且能深入污垢聚集的细小空隙中,使污垢与被清洗表面间的结合力减弱,从而使污垢松动。

(2) 吸附。

清洗剂中的电解质所形成的无机离子吸附在污垢上,能改变对污垢质点的静电吸引力,并可防止污垢再沉积。清洗汽车外表面时,既有物理吸附(分子间的相互吸引力),又有化学吸附(类似化学键的相互吸引)。

(3) 溶解。

清洗剂能使污垢溶解。

(4) 悬浮。

清洗剂中的表面活性物质能在污垢质点表面形成定向排列的分子层。通过这些分子层所起的桥梁作用,使污垢质点和周围的水溶液牢固地结合在一起,使憎水性污垢具有亲水性质。车表面的污垢脱落后,悬浮于清洁剂中,会进一步加强去污作用。

(5) 去污。

最后用高压水枪将污垢冲掉。

这种润湿→吸附→溶解→悬浮→去污的过程,不断循环或综合作用,可以将汽车表面上的污垢清除。

# 二、任务实施

**引导问题5** 清洗汽车外表前需要做哪些准备工作?

1. 工具、设备的准备

(1) 风枪。

风枪(图1-1-4)是利用压缩空气将汽车或工件上的水及浮尘吹干净的工具。通过风枪上的扳机可以控制出风。

(2) 泡沫清洗机。

泡沫清洗机的主要作用是利用压缩空气在设备内部产生一定压力,通过设备配置系统,将设备内调配好的清洗剂以泡沫状喷射到需要清洗的汽车或工件上,以达到减少操作人员劳动量、提高工作效率的目的(图1-1-5)。

图1-1-4 风枪　　　　　图1-1-5 泡沫清洗机

(3) 空气压缩机。

空气压缩机主要用来产生压缩空气。目前使用的空气压缩机根据机械运动方式的不同分为3种,即隔膜式、活塞式和螺杆式。它们的特点及用途如表1-1-1所示。在工作中,要根据本单位的用气情况选择合适的空气压缩机类型。

表1-1-1　常用空气压缩机的特点及用途

| 类型 | 特点 | 用途 |
| --- | --- | --- |
| 隔膜式 | 产生的气量很少,压力不高 | 只适合为小型设备或工具供气 |
| 活塞式 | 气量中等,可提供0.7~1.4 MPa的压力,但是供气不稳定,噪声较大 | 适合大多数设备和工具,能满足一般车间使用 |
| 螺杆式 | 供气量多,压力高,且风压稳定,噪声小,自动化控制 | 适合所有气动设备和工具,以及耗气量比较大的车间或单位 |

空气压缩机的保养及维护非常重要。它关系到设备的使用寿命、供气质量以及修理厂的工作效率。在平时的工作中,应该做到:及时放掉储气罐里的冷却水,及时给曲轴箱添加润滑油,保持设备清洁干净,保证空气滤清器及过滤材料干净,经常检查设备各个部件的正常运作是否良好等。

(4)汽车清洗机。

汽车清洗机有很多种。可以根据规模和业务量的大小选择汽车清洗机。洗车量较小时可以选择移动式的高压清洗机(图1-1-6)。如果是专业的洗车美容店,则可以选择固定式的清洗机(图1-1-7)。

图1-1-6 移动式高压清洗机　　图1-1-7 固定式汽车清洗机

2. 主要材料的准备

(1)清洗剂。

传统的车用清洗原料一般是洗涤剂或肥皂粉等。它们虽然去污力强,但同时对车的损伤性也大。经常用它们洗车,不仅车体表面的亮光很快会被侵蚀掉,而且会加速车身橡胶件、轮胎、车窗等的老化。

汽车美容护理意义上的洗车,一般来说,除了清洗汽车以外,还有美容护理的作用。常用的清洗剂的主要成分是天然植物提取的表面活性剂。这些都是国内洗发香波的主要成分。另外,清洗剂一般还添加天然矿石蜡,以及天然的驱除车体静电的成分。清洗剂一般都是中性的,既不会伤手,也不伤漆面(图1-1-8)。

(2)水。

洗车用水要求清洁无污染,严禁使用没有经过过滤或受到污染的水,以免影响洗车效果,或对车身表面造成损伤、腐蚀。一般情况下,洗车使用的是自来水。

(3)毛巾。

一般专业的汽车美容店会准备多块大小不一样的毛巾,主要被用来擦洗汽车车身。注意：在选择毛巾（图1-1-9）时，不能选择掉纤维的毛巾。

图1-1-8 清洗剂　　　　　图1-1-9 毛巾

（4）麂皮。

现在市场上普遍使用的麂皮或仿麂皮制品，具有柔软、耐磨、防静电、不掉纤维、能迅速吸干水分等特点（图1-1-10）。

（5）海绵。

海绵具有柔软、弹性好、吸水性强等特点，所以在清洁工件或洗车工作中使用较多（图1-1-11）。

图1-1-10 麂皮　　　　　图1-1-11 海绵

（6）洗车泥。

当遇到不容易清洗的斑点、自然氧化物、水垢、鸟（虫）粪、铁粉、酸雨以及不当护理的残留物质时，可以利用洗车泥（图1-1-12）人工反复擦洗以去除车身漆面上的此类物质。

图 1-1-12 洗车泥

**引导问题6　怎样进行汽车外部的清洗工作？**

汽车外部的清洗一般有两种方法：人工清洗与专业设备清洗。下面介绍两种清洗方法的操作步骤。

1. 人工清洗

（1）冲淋。

将汽车移入清洗工位后，用高压水枪冲去汽车表面的灰尘及污物。冲洗时应注意从上至下，从一边向另一边的斜下方冲洗。这样可以有效地将车体上的泥沙冲洗干净。如果泥沙较多，则可以多冲洗几遍，避免因为泥沙没有被冲洗干净而在下一步的擦洗中划伤漆面（图1-1-13）。

（2）擦洗。

给车身均匀喷涂泡沫清洗剂（图1-1-14），然后用海绵或毛巾由上至下进行擦洗，即从车顶到前后挡风玻璃，再到发动机盖、后备厢盖、车门、翼子板等（图1-1-15）。擦洗时注意每个角落都要擦洗到。对于擦拭不掉的附着物，不可用力猛擦，以免损坏漆面。这时可使用洗车泥（图1-1-16）。对于不同的顽固污渍，应选用专用溶剂清洗。

图 1-1-13　冲淋　　　　　　图 1-1-14　喷涂泡沫清洗剂

图 1-1-15 擦洗　　　　　　　图 1-1-16 用洗车泥擦洗

(3) 冲洗。

冲洗时,利用水枪按照第一步的冲淋顺序,将擦洗下来的污物及清洗剂泡沫冲洗干净(图 1-1-17)。

(4) 擦干。

先用干净的大毛巾快速擦去车身表面的水珠,然后用小毛巾擦干,最后用麂皮将车身表面彻底擦干净(图 1-1-18)。

图 1-1-17 冲洗　　　　　　　图 1-1-18 擦干

(5) 吹干。

虽然车身表面已被擦干,但隐藏在车身缝隙的水分很难干燥,需要吹干。操作时,可一手拿风枪,一手拿毛巾或麂皮,边吹边擦,直到吹干(图 1-1-19)。

图 1-1-19 吹干

2. 专业设备清洗

专业清洗设备可分为半自动和全自动两种。所谓半自动是指洗车设备需要人工操作洗车机上的功能按钮，而全自动的洗车设备只需要启动按钮就可全程自动操作。下面以半自动汽车清洗设备为例进行介绍。

（1）人工预清洗。

对于汽车污垢严重的部位先用手工预清洗。

（2）清洗机清洗。

将汽车开入洗车机指定的位置，关好门窗。启动洗车机，洗车机会对汽车进行冲淋（图1-1-20），喷涂泡沫清洗剂（图1-1-21），以及擦洗、冲洗（图1-1-22）、擦干等工作。

图1-1-20 冲淋

图1-1-21 喷泡沫清洗剂

图1-1-22 冲洗

（3）吹干。

用风枪将汽车吹干。

（4）检查。

检查清洗的质量。若发现有尚未清洗干净的地方，则可通过人工清洗予以弥补。

## 三、知识与能力拓展

**引导问题7** 什么是无水洗车？

无水洗车是采用无水洗车用品对汽车进行清洗的方法。无水洗车用品含有悬浮剂,具有快速渗透作用,可有效使污渍与车漆产生间隙,在沙土颗粒和车漆之间形成保护层;同时棕榈蜡会包裹在污垢的周围,使污渍与车漆隔离;所含表面活性剂有助于去除污渍,用湿毛巾轻轻一擦就掉了,所以不会划伤车漆。此外,产品还含有多种高分子漆面养护成分、增光乳液、巴西棕榈蜡等,以保护车漆,防静电,防紫外线,防雨水侵蚀,防车漆老化,有效地抵挡雨、雪、风、沙等对车体的伤害,并保护车漆镜面光泽不受损坏。

实践证明,无水洗车有如下七大好处:

(1) 不损伤车辆漆面。长期使用该方法,能起到养护车辆的作用。

(2) 清洗时不使用一滴水,可节约大量水资源。

(3) 不污染环境,无任何废水、废气排放。

(4) 不需要任何设备与能源。只要一个工具箱、几块抹布,以及一把毛刷即可,无须投入大量资金。

(5) 操作简单。操作工无须特殊培训,一讲就会,一看就懂,经过一天的学习即可单独操作。

(6) 成本低。

(7) 方便易行,可上门服务。无须将车辆开到洗车点,受车主欢迎。可在各地推广。

## 四、评价与反馈

(1) 对本学习任务进行评价,如表1-1-2所示。

**表1-1-2 汽车外部清洗操作考核评价表**

| 考核项目 | 评分标准 | 分数 | 学生自评 | 小组互评 | 教师评价 | 备注 |
|---|---|---|---|---|---|---|
| 团队意识 | 是否能相互协助 是否能顾全大局 | 10 | | | | |
| 工作态度 | 是否积极、认真、负责 | 10 | | | | |
| 现场5S | 是否在整个工作过程中贯穿5S | 10 | | | | |
| 方案设计 | 是否能结合具体的条件、环境进行合理的设计 | 10 | | | | |
| 操作过程 | 工具、设备、材料的准备是否充分,且人工或专业设备清洗是否规范 | 35 | | | | |
| 操作结果 | 质量是否符合要求 | 5 | | | | |
| 安全规范 | 有无违规或危险的操作 | 10 | | | | |
| 知识与能力拓展 | 是否具有自学与发展能力 | 10 | | | | |
| | 总分 | | | | | |
| 教师签名 | | | | | | |

(2) 在实施作业时,你还遇到了哪些方面的问题,如何提高操作技能?

# 任务二　清洁汽车车轮

### 任务目标

(1) 了解汽车车轮清洗养护的作用；
(2) 了解汽车车轮清洗用品的种类；
(3) 了解汽车车轮养护产品的性能；
(4) 正确使用相关的工具和设备；
(5) 汽车车轮的清洗养护工作符合安全规范。

### 任务描述

做完汽车全车油漆翻新的万先生，发现爱车的车轮非常脏，显得特别旧（图1-2-1），与自己漂亮的车身完全格格不入，于是把汽车开到汽车美容店进行车轮清洁养护。你作为汽车美容店的技术人员，请根据万先生汽车车轮的情况，进行清洁养护，并做到安全规范。效果如图1-2-2所示。

图1-2-1　清洁养护前的车轮　　　　图1-2-2　清洁养护后的车轮

## 一、资料收集

**引导问题1　汽车车轮由哪几部分组成？**

汽车车轮由轮毂（图1-2-3）和轮胎（图1-2-4）两部分组成。它支持着全车的重量，使汽车得以在道路上行驶，对汽车行驶性能有重大影响。轮毂又称钢圈，分为钢制轮毂和铝合金轮毂。轿车一般使用后者。铝合金轮毂具有散热快、重量轻、舒适性好、外观漂亮等特点。轮胎是在各种车辆或机械上装配的接地滚动的圆环形弹性橡胶制品，通常被安装在轮毂上，能支承车身，缓冲外界冲击，实现与路面的接触并保证车辆的行驶性能。轮胎在行驶时承受着各种变形、负荷、力以及高、低温，因此必须具有较高的承载性能、牵引性能和缓冲性能；同时，还被要求具备高耐磨性和耐屈挠性，以及低的滚动阻力与产热性。

图 1-2-3　轮毂　　　　　　　图 1-2-4　轮胎

**引导问题 2　汽车车轮清洁养护的作用是什么？**

在汽车美容养护的过程中，通常只是将车身清洗干净，而忽视了对汽车车轮的清洗。清洁养护汽车车轮可以起到以下作用：

1. 使汽车整体更加美观

汽车车轮是在汽车行驶过程中直接与地面接触的部件，因此特别容易脏污，所以要经常加以清洁养护。清洗养护后的汽车车轮不仅会给汽车外观加分，同时还能够使汽车格外醒目。

2. 延长汽车车轮使用寿命

在长时间行驶之后，汽车轮胎花纹中容易嵌入一些石子和其他杂质，不仅影响轮胎的美观，同时还有可能会加速轮胎的磨损。清洁汽车车轮可以及时有效地清除轮胎上的石子及杂质，延长汽车车轮的使用寿命。

3. 提高汽车安全行驶性能

尽管车胎脏污时不会影响汽车行驶，但如果胎压不足，汽车就不能很顺畅地行驶。胎压不足会引起燃料损耗增加、车胎磨损加剧、方向盘不稳等不良情况。因此，应养成定期清洁养护车轮的习惯。

# 二、任务实施

**引导问题 3　清洁养护汽车车轮前需要做哪些准备工作？**

1. 工具、设备的准备

清洁养护汽车车轮需要用到的工具、设备有风枪、高压清洗机等。

2. 主要材料的准备

（1）轮毂清洗剂。

轮毂清洗剂（图 1-2-5）可以被用来清除汽车轮毂上的沥青、油污，刹车片磨损产生的粉尘，以及环境中沉积的尘土、盐粒、水分等沉淀物。

（2）轮胎清洗剂。

汽车轮胎清洗剂（图1-2-6）类型有很多。它既能使轮胎干净，又能延长轮胎的使用寿命。

图1-2-5　轮毂清洗剂　　　　图1-2-6　轮胎清洗剂

（3）轮胎上光蜡。

轮胎上光蜡（图1-2-7）是汽车轮胎的护理用品。对橡胶轮胎进行护理，可减缓轮胎的龟裂和老化速度，同时可使轮胎表面快速产生一层保护膜，且能防水，不易被水洗掉。

（4）轮胎翻新剂。

汽车轮胎翻新剂如图1-2-8所示。轮胎翻新剂内含高分子聚合物、增黑剂及防老化剂，能迅速渗透于橡胶内，分解有害物质，延缓轮胎橡胶老化，且具有增黑、增亮、防老化泛白、防龟裂等作用。

图1-2-7　轮胎上光蜡　　　　图1-2-8　轮胎翻新剂

（5）其他材料。

还需要使用到的其他材料包括海绵、毛巾等。

**引导问题 4　怎样进行汽车车轮的清洗养护工作？**

清洗汽车车轮，既能使车轮干净亮丽，又能延长车轮的使用寿命。附着在车轮上的污垢主要有两大类：

一类是水溶性污垢，如泥土、砂石等。如果车轮上附着此类污垢，可采用高压水枪冲洗。冲洗时，应边冲洗，边用刷子刷，以除去深嵌在轮胎花纹中的淤泥、砂石等。清洗时可先将夹在轮胎花纹中的砂石清除，再用高压水枪冲刷上面的灰尘和泥土。

另一类是非水溶性污垢，如沥青、油脂等。对于此类污垢，应选用专用清洗剂进行清洗。它能清除车轮上的酸性污染物、碱性污染物和其他有害物质，以延长汽车车轮的使用寿命。

1. 轮毂的清洗步骤

（1）冲洗汽车车轮表面污垢（图 1-2-9）。

（2）将轮毂清洗剂均匀地喷涂在轮毂上（图 1-2-10）。

图 1-2-9　冲洗轮毂表面

图 1-2-10　喷涂轮毂清洗剂

（3）用海绵或毛巾擦掉轮毂上的污垢（图 1-2-11）。

（4）擦掉污垢后立刻用水冲洗（图 1-2-12）。完成清洗后的效果如图 1-2-13 所示。

图 1-2-11　擦拭轮毂

图 1-2-12　冲洗轮毂

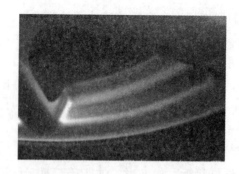

图1-2-13 清洁后的轮毂

2. 车轮轮胎的清洗步骤

（1）用高压水枪冲洗车轮轮胎上的污垢（图1-2-14）。

（2）将轮胎清洗剂摇晃均匀。

（3）在车轮轮胎上以打圈的方式均匀地喷涂轮胎清洗剂，如图1-2-15所示。

图1-2-14 冲洗轮胎

图1-2-15 喷涂轮胎清洗剂

（4）将喷涂在轮毂上的清洗剂擦掉（图1-2-16）。轮胎上的清洗剂自然干燥后清洗工作即完毕（图1-2-17）。

图1-2-16 擦掉轮毂上的清洗剂

图1-2-17 清洗后的轮胎

3. 轮胎的保养步骤

（1）使用前将轮胎上的污泥、砂粒清洗干净。

（2）将轮胎上光蜡挤在海绵上。

（3）用海绵将轮胎上光蜡均匀、薄薄地涂在轮胎上（图 1-2-18）。效果如图 1-2-19 所示。

图 1-2-18　在轮胎上涂上光蜡

图 1-2-19　保养后的轮胎

4. 汽车轮胎的翻新方法

轮胎在使用过程中直接与各种条件的路面接触，易黏附路面上各种污物。这些污物有一些会浸入轮胎橡胶表面，造成轮胎橡胶失光和老化。被污物侵蚀后的轮胎将失去原有的纯正黑色而呈现灰黑色，影响汽车视觉效果，且这种失光是无法通过清洗加以解决的。受侵蚀的橡胶极易老化、变硬，失去原有的弹性及耐磨性。因此，要定期对轮胎进行翻新保护处理。

（1）轮胎清洁。选用专用洗车液，用棕毛刷进行刷洗，然后擦干，擦干后风干 10~12 分钟或用压缩空气进一步吹干，去除表面水分。

（2）轮胎翻新。上轮胎翻新剂时，既可喷涂，也可直接用无纺布、软毛巾涂抹，均匀擦拭。如果较脏，则应及时更换毛巾擦拭，直至轮胎再现黑亮本色。

（3）喷轮胎保护剂。喷上之后，胎壁形成白色泡沫，几分钟之后泡沫会自然消失，轮胎变得非常干净。

# 三、知识与能力拓展

**引导问题5**　向汽车轮胎内充入普通压缩空气与充入氮气有什么不同？

传统的方法是在汽车轮胎的内部充入一定压力的压缩空气。适当的轮胎气压，是保证车辆安全、平稳行驶的基本条件。空气除了含有氮气（约占78%）和氧气（约占21%）以外，往往含有少量的水分、油脂等杂质。在汽车行驶时，轮胎内的氧气、水分和油脂受到较高温度和压力的作用，会对汽车轮胎有以下影响：

（1）氧气等小分子气体通过渗透作用，穿过胎壁的橡胶直接溢出，造成轮胎的气压降低。

（2）氧气、水分和油脂透过胎体内侧的橡胶直接溢出，造成氧气和水蒸气消耗，轮胎气压下降。另外，胎体橡胶氧化，弹性、韧性和强度下降，发生爆胎的可能性上升。

（3）氧气和水蒸气腐蚀胎圈、气嘴等部位，造成气体泄漏，致使轮胎气压损失；冬天凝结冰可能冻坏气嘴，增加了爆胎的可能性。

（4）当车辆高速行驶时，轮胎内部的温度如果超过一定限度，随压缩空气一起引入轮胎内部的氧气和油脂会点燃胎体的橡胶，致使发生自燃现象。虽然可能仅仅是轮胎橡胶内部的、从外部看不到的自燃，却是导致爆胎和轮胎老化的罪魁祸首。

与压缩空气相比，轮胎充氮气有如下好处：

1. 提高轮胎行驶的稳定性和舒适性

氮气几乎为惰性的双原子气体，化学性质极不活泼，气体分子比氧分子大，不易热胀冷缩，变形幅度小，渗透轮胎胎壁的速度比空气慢30%~40%，能保持稳定的胎压，提高轮胎行驶的稳定性，保证驾驶的舒适性；氮气的音频传导性低，相当于普通空气的1/5，能有效减少轮胎的噪声。

2. 防止爆胎

爆胎是公路交通事故中的头号杀手。据统计，在高速公路上有46%的交通事故是由于轮胎发生故障引起的，而其中爆胎就占轮胎事故总量的70%。汽车行驶时，轮胎温度会因与地面摩擦而升高，尤其在高速行驶及紧急刹车时，胎内气体温度会急速上升，胎压骤增，所以会有爆胎的可能。高温导致轮胎橡胶老化，疲劳强度下降，胎面磨损剧烈，是导致爆胎的重要因素。与一般高压空气相比，高纯度氮气因为具有无氧且几乎不含水分，不含油脂，热膨胀系数低，热传导性低，升温慢，降低了轮胎聚热的速度，既不可燃，也不助燃等特性，所以可大大地减少爆胎的概率。

3. 延长轮胎使用寿命

使用氮气后，胎压稳定，体积变化小，大大降低了轮胎不规则摩擦的可能性，如冠磨、胎肩磨、偏磨，有助于延长轮胎的使用寿命；橡胶的老化是空气中的氧分子氧化所致。老化后其强度及弹性下降，且会有龟裂现象。这是轮胎使用寿命缩短的原因之一。氮气分离装置能极大限度地排除空气中的氧气、硫、油脂、水和其他杂质，有效降低轮胎内衬层的氧化程度和橡胶被腐蚀的现象，不会腐蚀金属轮辋，既有助于延长轮胎的使用寿命，也极大程度地减少轮辋生锈的状况。

4. 减少油耗，保护环境

轮胎胎压的不足与受热后滚动阻力的增加，会造成汽车行驶时的油耗增加；而氮气除了可以维持稳定的胎压，延缓胎压降低之外，又因其干燥且不含油脂、不含水、热传导性低、升温慢的特性，减低了汽车行进时轮胎温度的升高，同时轮胎变形小，抓地力提高，滚动阻力小，从而达到减少油耗的目的。

**引导问题6** 如何选购轮胎？

在购买轮胎时，不要只看价格，而应优先考虑是不是原厂轮胎。原厂轮胎是最能配合汽车速度及汽车最大载重的。专业人员往往通过轮胎上的标志鉴别轮胎。汽车轮胎上都有一些突起的标志，标明轮胎的型号和性能。一般翻新轮胎的这些标志贴得都不是很紧，故能被抓掉的必是翻新轮胎。最常见的鉴别方法就是观察轮胎的色彩和光泽。翻新后的轮胎颜色和光泽都比较黯淡，因此不要盲目购买。

## 四、评价与反馈

（1）对本学习任务进行评价，如表1-2-1所示。

**表1-2-1 汽车车轮的清洁养护操作考核评价表**

| 考核项目 | 评分标准 | 分数 | 学生自评 | 小组互评 | 教师评价 | 备注 |
| --- | --- | --- | --- | --- | --- | --- |
| 团队意识 | 是否能相互协助 是否能顾全大局 | 10 | | | | |
| 工作态度 | 是否积极、认真、负责 | 10 | | | | |
| 现场5S | 是否在整个工作过程中贯穿5S | 10 | | | | |
| 方案设计 | 是否能结合具体的条件、环境进行合理的设计 | 10 | | | | |
| 操作过程 | 工具、设备、材料的准备是否充分 轮毂的清洗，以及轮胎的清洗、保养、翻新是否规范 | 35 | | | | |
| 操作结果 | 质量是否符合要求 | 5 | | | | |
| 安全规范 | 有无违规或危险的操作 | 10 | | | | |
| 知识与能力拓展 | 是否具有自学与发展能力 | 10 | | | | |
| 总分 | | | | | | |
| 教师签名 | | | | | | |

（2）在实施作业时，你还遇到了哪些方面的问题，如何提高操作技能？

# 任务三　清洁汽车玻璃

### 任务目标

(1) 了解汽车玻璃的种类；
(2) 掌握汽车玻璃清洗装置的使用方法；
(3) 了解汽车玻璃的清洗养护产品；
(4) 正确使用相关的工具和设备；
(5) 汽车玻璃的清洗养护符合安全规范。

### 任务描述

下雨天，吴先生使用雨刮器刮玻璃时，发现玻璃刮不干净（图 1-3-1），于是将自己的爱车开到汽车美容店进行汽车玻璃清洗养护。你作为汽车美容店的员工，请根据吴先生爱车的车况进行符合安全规范的汽车玻璃清洗养护工作，达到如图 1-3-2 所示的效果。

图 1-3-1　清洁养护前

图 1-3-2　清洁养护后

## 一、资料收集

**引导问题 1　汽车的玻璃有哪些种类？**

汽车玻璃一般可分为安全玻璃、夹层玻璃、钢化玻璃和区域钢化玻璃。

(1) 安全玻璃。汽车用安全玻璃是由无机材料或无机与有机复合材料所构成的产品。应用于车辆时，它可以减少车祸中严重伤人的危险，因此，在其可见性、强度和耐磨性方面都有规定。

(2) 夹层玻璃，是指两片或两片以上的玻璃用一层或数层胶粘剂粘接在一起的玻璃制品。当外层玻璃受到冲击发生破裂时，碎片被胶粘住，只形成辐射状裂纹，不致因碎片飞散而造成人身伤亡事故。

(3) 钢化玻璃，是指将玻璃加热到软化点附近，然后骤冷而制成的玻璃。这种制造方法提高了玻璃的强度和热稳定性。一旦玻璃被破坏，碎片无尖锐棱角。

(4) 区域钢化玻璃，即分区域控制钢化程序而制成的钢化玻璃。被破坏时，它总体上符合安全玻璃对碎片的要求。在受到冲击破裂时，其玻璃的裂纹仍可以保持一定的清晰度，保证驾驶者的视野区域不受影响。

除了上述汽车玻璃外，还有其他特殊功能的汽车玻璃，如隔热夹层玻璃、防爆防弹玻璃等。

**引导问题2　汽车上有哪些玻璃清洗装置？**

汽车玻璃包括前挡风玻璃、后风窗玻璃、门玻璃、侧窗玻璃、三角玻璃、天窗玻璃等。下面我们主要以前挡风玻璃为例进行说明。

现在的汽车一般配有前挡风玻璃清洗器，主要由喷水装置和刮水装置组成。此外，仪表台上还设有空调吹风口，主要用来给车窗除雾。

1. 喷水装置

喷水装置由玻璃清洗液储液壶、水泵、喷水壶、输水管和控制开关组成。其中，储液壶一般是 1.5~2 L 的塑料罐，而水泵是一种微型电动离心泵，通过它可将储水箱的洗涤水输送至喷水嘴，利用两个喷水嘴的挤压作用，将洗涤水分成细小的射流，喷向挡风玻璃，配合雨刮器起到清洁挡风玻璃的作用。

2. 刮水装置

刮水装置由电动机、减速器、连杆机构、雨刮器和控制开关组成。电动机是整个雨刮器系统的核心部件。雨刮器电动机的质量要求很高，一般与蜗轮、蜗杆机械部分做成一体。通过蜗轮、蜗杆，其输出轴带动连杆机构，通过连杆机构把连续的旋转运动改变为左右摆动的运动。雨刮器的刮片胶条用于直接清除玻璃上的雨水和污垢。

# 二、任务实施

**引导问题3　清洁养护汽车玻璃前需要做哪些准备工作？**

1. 工具、设备的准备

(1) 抛光机及抛光垫。

抛光机是利用抛光垫旋转对涂层表面进行修饰的工具。按照动力划分，抛光机可分为电动（图 1-3-3）和气动（图 1-3-4）两种。它的转速可以调整，操作简单。

图1-3-3 电动抛光机　　　　　图1-3-4 气动抛光机

抛光垫是用在抛光机上,并与相应的抛光剂配合使用,用于抛光涂料表面的工具。按抛光的粗糙度,常用的抛光垫可分为供粗抛光用的粗抛光垫和供精抛光用的精抛光垫两种。

粗抛光垫用于清除划痕,调整纹理,摩擦效果好,抛光痕迹明显。粗抛光垫通常与摩擦效果比较大的粗抛光剂配合使用。相反,精抛光垫摩擦效果差,抛光痕迹不明显。它与摩擦效果较差的精抛光剂配合使用,可以清除粗抛形成的痕迹,使表面产生光泽。

从抛光垫的材料来说,有纯羊毛、人造纤维和海绵3类。纯羊毛为传统的抛光材料,研磨力强,一般用于普通漆面的抛光;人造纤维和海绵比羊毛软,一般用于普通面漆和清漆层的抛光。表1-3-1列出了各种类型的抛光垫。

表1-3-1　各种类型的抛光垫

| 名称 | 图形 | 名称 | 图形 |
| --- | --- | --- | --- |
| 粗抛光海绵垫 |  | 精抛光海绵垫 |  |
| 波浪海绵垫 |  | 羊毛抛光垫 |  |
| 硬毡抛光垫 |  | 软毡抛光垫 |  |

(2) 其他工具设备。

还需要用到的其他工具有喷壶、风枪等。

2. 主要材料的准备

(1) 洗窗液（学名为汽车风窗玻璃清洗液，俗称玻璃水）。

洗窗液（图1-3-5）具有溶解油污、改善玻璃润湿度的功能。其冰点远低于0℃。所以，为保证良好的刮刷、清洗效果，应该使用指定的风窗清洗液，严禁使用清水作为洗窗液。同时，尽管专业洗窗液的冰点远低于0℃，冬季使用时，仍须在发动机开启数分钟后再使用洗窗液，以确保洗窗液不被冻住。

(2) 玻璃清洗剂。

玻璃清洁剂（图1-3-6）主要用于去除玻璃上积累的白色雾状膜，如各种内饰清洗剂、清新剂、烟等造成的油脂，同时可有效地去除鸟粪、油泥及尘土。

图1-3-5 洗窗液

图1-3-6 玻璃清洁剂

(3) 玻璃抛光剂。

使用玻璃抛光剂（图1-3-7）可以清除灰尘、油膜、虫尸、鸟粪等污垢，改善玻璃表面上的细纹，留下一层超光滑保护膜，减少雨刮器的磨损和跳动。

图1-3-7 玻璃抛光剂

(4) 其他材料。

其他材料包括毛巾、大头针、记号笔等。

**引导问题4　怎样进行汽车前挡风玻璃及其清洗装置的检查工作?**

在使用玻璃清洗器装置清洗前挡风玻璃时,应注意以下几点:

(1) 检查洗窗液的喷射方向。如洗窗液喷射位置不对,则应及时进行调节。一般喷嘴的位置可以用手调节。

(2) 检查喷出的洗窗液量。如喷出的洗窗液的量不足,则需检查喷嘴口是否被堵塞。如喷嘴口被堵塞,则应使用大头针或钢丝进行清理。

(3) 检查洗窗液。如洗窗液用完后未予以及时补充,而继续使用喷射开关,就会让水泵空转,损坏电动机。

(4) 检查前挡风玻璃。如玻璃上有污迹或顽固污渍,则应及时清洗,否则会造成玻璃刮不干净。

(5) 检查雨刮器的刮片胶条。如雨刮器的刮片胶条老化或有缺口,则应及时更换雨刮器,否则会造成玻璃刮不干净。

**引导问题5　怎样进行汽车前挡风玻璃的清洁养护工作?**

如果汽车的前挡风玻璃不干净,就会妨碍驾驶员视线,严重影响行车安全,所以应及时有效地进行前挡风玻璃的清洁养护工作。

1. 前挡风玻璃的清洗

由于使用玻璃清洗器只能清洗到刮水器刮到的部位,也只能对挡风玻璃进行清洗,不能对其他玻璃进行清洗,所以还应定期对汽车所有玻璃进行全面清洗。

(1) 如果玻璃上只有轻微的污渍,则可用毛巾擦洗。

其方法是:用一块拧干的湿毛巾和一块不脱毛的干毛巾交叉擦洗,如图1-3-8所示。作业时,一定要将车停放到太阳晒不到的地方,这是因为在烈日下清洗玻璃会形成水迹。

图1-3-8　轻微清洗

（2）如果玻璃上有难以清洗的顽固污渍，就应选用专用玻璃清洗剂进行清洗。其方法步骤如下：

① 将玻璃清洗剂直接喷涂到有污渍的玻璃表面，如图1-3-9所示。

② 然后用干净的抹布或纸擦拭干净，如图1-3-10所示。

图1-3-9　喷涂清洗剂

图1-3-10　擦拭

③ 把仪表盘上的多余玻璃清洗剂擦掉，如图1-3-11所示。

④ 完成效果如图1-3-12所示。

图1-3-11　擦掉多余玻璃清洗剂

图1-3-12　完工后的前挡风玻璃

### 2. 前挡风玻璃的抛光

在行驶过程中，汽车前挡风玻璃经常受到沙砾的撞击，使前挡风玻璃产生细孔、细微划痕，在细孔、细微划痕中很容易黏附油膜，使驾驶员看不清前方路况。有细孔、细微划痕的玻璃表面比较粗糙，透明度变差（图1-3-13）。这些问题是任何清洗剂也解决不了的，必须通过抛光打磨进行处理。抛光后的效果如图1-3-14所示。

工作步骤如下：

（1）清洗。使用玻璃清洗剂将玻璃表面清洗干净，然后擦干，如图1-3-15所示。

（2）遮蔽。用大毛巾和遮蔽纸将前挡风玻璃周围进行遮蔽，如图1-3-16所示。

图1-3-13 玻璃划痕

图1-3-14 处理后的前挡风玻璃

图1-3-15 清洗玻璃

图1-3-16 遮蔽

（3）抛光。使用抛光机，配以玻璃抛光剂，对玻璃表面进行抛光，如图1-3-17所示。

（4）擦拭。使用无纺布或干毛巾对玻璃表面进行擦拭，如图1-3-18所示。

图1-3-17 抛光

图1-3-18 擦拭

（5）检查。检查抛光的区域是否已经抛光，如图1-3-19所示。若发现问题，则用记号笔将缺陷处圈起来，以便重新抛光处理，如图1-3-20所示。

图1-3-19 检查

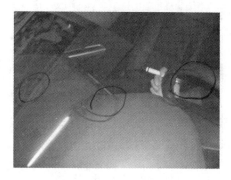
图1-3-20 圈出缺陷

（6）去除遮蔽。去除前挡风玻璃周围遮蔽用的大毛巾、遮蔽纸、遮蔽胶带等。

（7）清理汽车表面。将玻璃周围的汽车表面清理干净，如图1-3-21所示。抛光效果如图1-3-22所示。

图1-3-21 清理

图1-3-22 抛光后的前挡风玻璃

抛光处理可以对粗糙的玻璃表面进行修整，通过去掉油膜，排除用肉眼不容易发现的细微划痕，磨平玻璃细孔，使玻璃表面无任何痕迹，玻璃变得崭新如初。

3. 前挡风玻璃雨刮器的更换

雨刮器刮片胶条的老化，会造成前挡风玻璃刮不干净，影响驾驶员的视线，需及时更换。雨刮器接口一般分成U形和T形两种。下面以U形接口为例进行介绍。步骤如下：

（1）如图1-3-23所示，按箭头方向，双向用力，卡口即可松动。

（2）如图1-3-24所示，在持续步骤（1）的同时，将雨刮器按箭头方向下压。

图1-3-23 卡口松动　　　　　　图1-3-24 下压

（3）如图1-3-25所示，右手向箭头方向用力，解除雨刮器的阻挡，即可将其取下。

（4）如图1-3-26所示，向上即可取下整个支架与雨刮片。

图1-3-25 解除阻挡　　　　　　图1-3-26 取下支架与雨刮片

（5）安装方法与拆卸的方法正好相反。

## 三、知识与能力拓展

**引导问题6　怎样进行汽车玻璃的修补？**

汽车玻璃的修补主要是在裂缝中填补液态胶质，消除缝隙。填补玻璃所用的材料是一种透明度很高的液态胶质，依靠紫外线加热可迅速凝固。施工工具是一支类似针管构造的真空注射器。其功能是将玻璃裂缝内的空气抽掉，然后注入玻璃修补剂。经过反复几次抽压后，修补的空间至少有90%盛满了填补液，这时再用紫外线灯上下左右各照射两分钟，让修补液凝固。机器移开后，玻璃裂缝的中心点还会有一个小缺口，这时再滴入浓度较高的修补剂，盖上玻璃片，同样用紫外线灯照射烘干后，用刀片将表面刮平，涂上抛光剂，用布磨光即可。

# 四、评价与反馈

(1) 对本学习任务进行评价，如表 1-3-2 所示。

表 1-3-2 汽车玻璃的清洁养护操作考核评价表

| 考核项目 | 评分标准 | 分数 | 学生自评 | 小组互评 | 教师评价 | 备注 |
|---|---|---|---|---|---|---|
| 团队意识 | 是否能相互协助 是否能顾全大局 | 10 | | | | |
| 工作态度 | 是否积极、认真、负责 | 10 | | | | |
| 现场 5S | 是否在整个工作过程中贯穿 5S | 10 | | | | |
| 方案设计 | 是否能结合具体的条件、环境，进行合理的设计 | 10 | | | | |
| 操作过程 | 工具、设备、材料的准备是否充分 前挡风玻璃的清洗、抛光及雨刮器的更换是否规范 | 35 | | | | |
| 操作结果 | 质量是否符合要求 | 5 | | | | |
| 安全规范 | 有无违规或危险的操作 | 10 | | | | |
| 知识与能力拓展 | 是否具有自学与发展能力 | 10 | | | | |
| 总分 | | | | | | |
| 教师签名 | | | | | | |

(2) 在实施作业时，你还遇到了哪些方面的问题，如何提高操作技能？

# 项目二　汽车漆面美容

## 任务一　一般美容护理

**任务目标**

（1）了解汽车抛光打蜡的作用；
（2）了解汽车抛光剂、汽车蜡的种类；
（3）正确使用和维护相关的工具及设备；
（4）汽车抛光打蜡美容护理工作符合安全规范。

**任务描述**

周先生发现使用了一年的汽车的颜色没有原来那样鲜艳，光泽也变暗了，漆面还有细小划痕、刺手的小点等问题，于是将汽车开到汽车美容店。你作为汽车美容店的技术人员，请根据周先生汽车的车况进行适当的处理，恢复漆面原有的状况。

## 一、资料收集

**引导问题1　什么是抛光？抛光有哪些作用？**

抛光主要是为了增加漆面的光泽度与平滑度，消除漆面上的颗粒、轻微流痕、泛白、橘皮、细微砂纸痕迹、划痕、泛色层等细小的缺陷。抛光处理既适用于旧漆面翻新，也适用于新喷漆面及修补施工。抛光的主要作用如下：

（1）旧漆面翻新抛光。汽车是一种室外交通工具，长年受到阳光、风沙、雨雪、温差、大气污染物、化学品等不良环境影响，漆面受到的侵蚀程度既复杂，又严重。光靠简单的水洗不能将其消除，而要进行翻新抛光处理，通过摩擦和抛光来消除漆面的缺陷。抛光盘配以抛光剂与漆面摩擦，去除漆面的老化层和细微擦痕。抛光剂中的部分成分渗入漆面，使漆面变得光滑、靓丽。

（2）新喷漆面抛光。全车喷涂面漆或部分喷涂面漆过程中可能产生各种缺陷，如流痕、颗粒、橘皮、泛白、失光、丰满度差，以及局部喷涂时飞溅于旧漆面的漆尘和新旧漆面交界处的痕迹均可通过抛光进行处理。

**引导问题2** 什么是打蜡？打蜡有哪些作用？

打蜡是利用工具将车蜡均匀地涂抹在车身漆面上，形成一层薄的保护膜，从而使汽车漆面亮丽、清洁，长久保持光泽，同时也使车漆不易受到酸雨、紫外线等有害物质的侵害。打蜡的作用如下：

(1) 上光作用。经过打蜡的汽车，都能不同程度地改善漆面的光洁程度，使车身恢复亮丽本色。

(2) 防高温、抗老化作用。打蜡后车身表面形成一层蜡膜，可以较好地对来自不同方向的入射光产生有效的反射，防止入射光穿透清漆而导致底色漆老化变色，从而延长漆面的使用寿命。

(3) 防止产生静电。车身漆面通过打蜡可以形成蜡膜，防止空气、尘埃等与车身漆面的直接摩擦，不但可以有效地防止汽车表面产生静电，还可大大减少车身表面附着的带电尘埃。

(4) 防水作用。车蜡能使车身漆面上的附着水滴减少60%～90%，减少水滴对阳光的聚焦，使车身免受侵蚀和破坏。

## 二、任务实施

**引导问题3** 汽车漆面抛光、打蜡美容护理工作前需要做哪些准备工作？

1. 工具、设备的准备

(1) 打蜡机。

打蜡机又称轨道打蜡机，如图2-1-1所示。打蜡机工作时以椭圆形的轨迹旋转。其托盘直径比抛光盘大，机体也比抛光机轻很多。它的双手扶把紧贴机体的中心立轴。打蜡机重量轻，做工细且光盘面积大，因此比人工打蜡省时省力，打蜡时不易产生划痕。

打蜡机相应的配套件就是与打蜡托盘配套的各种盘套，如图2-1-2所示。打蜡盘套是一种衬有皮革底（防渗透）的毛巾套。其作用是把蜡均匀地涂抹在车身上。打蜡盘套的材料有3种：全棉盘套、全毛盘套和海绵盘套。盘套材料越柔软，就越能减少划痕。

图2-1-1 打蜡机

图2-1-2 打蜡机及配件

(2) 其他工具设备。

还需要使用到的其他工具有抛光机及抛光垫、打磨块、喷壶、风枪等。

2. 主要材料的准备

(1) 抛光剂。

抛光剂由有机溶剂与加有水和油的研磨剂制成。按研磨剂颗粒的大小不同，它可分为粗粒度、中粒度和细粒度3种；按研磨方式的不同，它可分为手工研磨用抛光剂和机械研磨用抛光剂；按黏度不同，它又有膏状和液体状两种（图2-1-3）。

抛光剂有两种作用：研磨开始时，磨料颗粒起研磨作用，将漆膜表面磨平；到研磨后期，磨料颗粒被粉碎成极细粉末，可起到抛光作用。

(2) 汽车蜡。

汽车蜡主要是起保护作用的。打蜡除了能增加漆面的光洁度外，其在汽车表面形成的蜡膜还能有效地防止产生静电，防止紫外线的照射，起到抗高温、防氧化、防水、防划伤等作用。车蜡的品种有很多，且不同的车蜡所起的作用也有所不同。选用时要根据车蜡的特点及需要防护的方面进行选择。图2-1-4所示是各种不同类型的汽车蜡。

图2-1-3 抛光剂

图2-1-4 汽车蜡

(3) 其他材料。

还需要使用到的其他材料包括清洁剂、漆面研磨砂纸（图2-1-5）、抛光及打蜡用海绵、纯棉毛巾、无纺布及抹布等。

图2-1-5 漆面研磨砂纸

### 引导问题4　怎样进行汽车漆面抛光工作？

漆膜表面经过研磨后，变得平整，但打磨过的部位失去了光泽，因此需要通过抛光打蜡来恢复漆面的光泽。抛光的方法根据选用的材料不同而有所不同。一般的施工工序如下：

（1）用海绵或擦拭布将粗抛光剂均匀涂抹于打磨部位（图2-1-6）。如果打磨部位太大，可以分多块操作，一次涂抹面积不宜超过 $0.5\ m^2$。抛光剂也不宜一次涂得过厚，否则会堵塞抛光垫，影响抛光效果。

（2）将配有粗抛光垫的抛光机的转速调至 1 000～1 500 r/min，并轻轻地将其平放在漆面上（图2-1-7）。

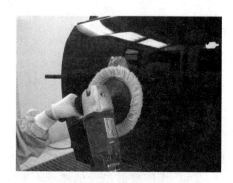

图2-1-6　涂抹抛光剂　　　　图2-1-7　平放抛光机

（3）启动抛光机，然后均衡地向下施加一定的压力，按照往复运动的方式慢慢移动机器进行抛光。抛光时要注意：

① 如果抛光机先启动再接触漆面，掌握不好会对漆面造成损伤。在抛光过程中可以将抛光机平放在工件表面，也可以以 5°～15°的小角度将其放在工件上。如果角度太大，则抛光时抛光垫的边缘会摩擦漆面，容易对漆面造成损伤，如图2-1-8所示。

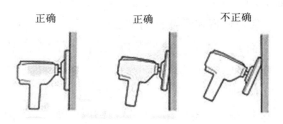

图2-1-8　抛光机的角度

② 向下施加的力如果太大，摩擦力也大，容易损伤漆面；如果力太小，摩擦力小，则抛光效果不好。

③ 抛光机的移动方向最好与车身流线型方向一致，做往复运动。

④ 粗抛光只要去掉砂纸打磨的痕迹即可。

⑤ 对于工件边沿或不好使用抛光机的部位应该使用手工抛光，即用柔软的擦拭布或抛光海绵蘸上抛光剂之后，用手工来回摩擦，直至消除打磨痕迹，如图2-1-9所示。

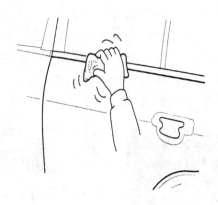

图2-1-9　手工抛光

（4）用干净的擦拭布将工件清理干净。对于表面还有打磨痕迹的，重复步骤(1)~(3)，直至完全消除砂纸磨痕，基本恢复光泽。

（5）用海绵或柔软的擦拭布将细抛光剂均匀涂抹于抛光部位表面。

（6）将抛光机转速调至1 500~2 000 r/min，并选择精抛光垫进行抛光。

第二次抛光的主要目的是消除粗抛时所形成的抛光痕迹，提高涂层的光泽度。抛光时可适当加一点水进行润滑，这样抛光效果会更好。如果一遍处理不到位，可以进行2~3遍，直至达到要求。

（7）最后用柔软的擦拭布将抛光部位清理干净。

抛光剂及车蜡里面含有溶剂，如果在抛光部位或漆面上停留时间过长，容易在漆面上形成印痕。

**引导问题5　怎样进行汽车漆面打蜡工作？**

为了使汽车漆面光亮清洁，长久保持光泽，保护车漆免受腐蚀，可对汽车进行打蜡美容处理。在将车清洗干净之后，即可进行打蜡。打蜡的工作步骤如下：

（1）上蜡。既可手工上蜡，也可用打蜡机上蜡。手工上蜡简单易行，而打蜡机上蜡效率高。

① 手工上蜡。将适量的车蜡涂在海绵上，然后按一定顺序往复直线或环形均匀涂布。涂布时手感力度一定要掌握好，可将手指摊开，用大拇指和小拇指夹住海绵，其余3个手指及手掌按住海绵均匀涂抹。上蜡时每次涂抹的面积不要过大，整个车身可分块进行，顺序可从前到后或从左到

右，尽量做到薄而均匀。每次处理的区域要有一定的交叉重叠，防止漏涂，如图 2-1-10 所示。

② 用打蜡机上蜡。将车蜡洒在车身表面，用手控制好打蜡机，启动开关。上蜡时应注意涂布的力度、方向性和均匀性，如图 2-1-11 所示。

图 2-1-10　手工上蜡　　　　　　图 2-1-11　用打蜡机上蜡

上几层蜡较为合适，要视车漆状况而定，并不是越多越好。太多的蜡反而会使抛光产生困难，而上得太薄又无法填补车身漆面的缝隙。

（2）抛蜡。上蜡后根据车蜡使用说明（一般车蜡，需要停留几分钟；而即时抛车蜡，无须停留时间），用手工抛光或用抛光机将其擦亮。手工抛光一般使用无纺布从前往后或从左到右直线往复运动，用力挤压，以清除剩余车蜡，直到干燥不粘手为止，如图 2-1-12 所示。使用抛光机进行处理时，可参照上述手工抛光方法进行。

（3）检查整理。抛蜡后要对整个车身的护理质量进行检查，特别是车身比较显眼的地方。如果发现车蜡上得不均匀，产生无序的反光现象，则可用干净的无纺布轻轻地擦拭，也可用抛光机重新抛光。然后清理车身缝隙、车把手内部、车窗等部位的残蜡，如图 2-1-13 所示。

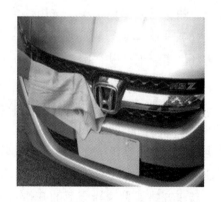

图 2-1-12　手工抛光　　　　　　图 2-1-13　清理残蜡

打蜡的注意事项如下：

（1）打蜡的频率。无序的打蜡会影响车身漆面质量。打蜡的时间间隔要视汽车行驶的环境、停放场所、车蜡品质等因素确定。

（2）打蜡的环境。最好在室内进行打蜡作业。环境要清洁，以免沙尘附着在车身漆面，影响打蜡质量，甚至产生划痕。

（3）打蜡的时机。打蜡作业最好选择天气晴朗的日子进行，雨天一般不应打蜡。

（4）打蜡的方法。使用打蜡机打蜡时注意掌握力度和转速，避免力度过大，转速过快，以免伤及车漆。

## 三、知识与能力拓展

**引导问题6  如何选用车蜡？**

车蜡的品种多样，性能也各不同，因此选择的车蜡将直接影响打蜡作业质量的好坏。车蜡的选用一般要考虑以下因素：

（1）根据车蜡的作用来选择。车蜡有防水、防高温、防静电、防紫外线等作用。如所在城市酸雨多，则应选择防酸雨较强的车蜡。如广州常年光照好、温度高，可选择防紫外线、防高温车蜡。

（2）根据漆面的质量来选择。对于中、高档轿车，漆面的质量比较好，可选择高档车蜡；对于普通轿车，可选用一般车蜡。

（3）根据漆面的新旧来选择。新车或新喷漆的车辆，可选用上光蜡，以保持车身的光泽；对旧车或有轻微擦痕的车辆，可选用抛光蜡对其抛光处理后，再用上光蜡上光。

（4）根据季节不同来选择。夏季光照较强，应选择防高温、防紫外线的车蜡。

（5）根据车漆颜色来选择。对于浅色车漆，一般选用银色、白色或珍珠色车蜡；对于深色车漆，选用黑色、红色等与车漆颜色相适应的车蜡。

（6）根据车辆行驶环境来选择。如果汽车经常在泥泞、尘土、砾石等恶劣环境道路上行驶，则应选择保护功能较强的车蜡。

**引导问题7  什么是新车开蜡？**

汽车制造厂生产的新车在等待销售前，一般有一段较长的储存或运输时间。在此期间，新车可能受到风吹雨淋以及粉尘烟雾等的侵蚀，导致漆面氧化老旧，因此一般在车身上喷涂一层车身保护蜡进行保护。但在新车销售交付使用时，必须将这层新车保护蜡清除掉，然后再进行清洗上光护理。

新车开蜡就是选择合适的开蜡水来去除这层保护蜡。开蜡水具有较强的溶解能力和去污能力。在新车车身上喷洒开蜡水后几分钟内，就可以将车身保护蜡溶解，且对漆面及塑料件无腐蚀。

1. 封蜡类型

在进行开蜡前，我们只有了解了封蜡的类型，才好对症处理。一般封蜡分为两种：

（1）油脂封蜡。

车体蜡壳是半透明状态，多用于长途进口海运汽车。它可以提供极硬的保护层，即使海水飞溅到涂有封蜡的车体表面，也不会对车造成任何损害。它还可以有效防止大型双层托运车在运行途中遇到树枝或其他人为造成的轻微损伤，保证新车在出厂后一年内不受其他有害物质侵蚀。

（2）树脂封蜡。

车体蜡壳是半透明状态，主要用于本国短途运输汽车。它可以为车身提供一年以上良好的硬质保护层。这层保护膜在厚度上大概是油脂封蜡的1/3，能防止运输过程中人为轻微剐蹭造成划痕。

2. 开蜡水类型

（1）油脂开蜡水：市场上80%的产品属于非生物降解型溶剂，主要原料提炼于石油，是强碱性溶剂，使用时应采取防护措施。

（2）树脂开蜡水：多功能轻质水溶性溶剂，含有树脂聚合物的溶解元素，渗透性较好，使用起来比较安全。

（3）强力脱蜡水：生物降解型溶剂，主要提炼于天然橙皮，并含有阴离子表面活性剂，泡沫丰富，分解性好，成本也较高。

3. 开蜡工具

开蜡所需工具材料一般包括开蜡专用海绵、纯棉毛巾、塑料刮板、橡胶手套、防护眼镜等。

4. 新车开蜡操作工序

新车开蜡步骤如下：

（1）清洗车身表面：新车开蜡前必须清洗车身表面，一般选择冷水高压清洗机冲去车身上的尘埃及其他表面附着物。

（2）喷洒开蜡水：将车身表面冲洗干净后，再均匀地喷洒上一层开蜡水，等待5~10分钟。开蜡水将渗透于车蜡，并快速将其溶解。

（3）擦除残蜡：当车表蜡层完全溶解后，用棉布、毛巾或无纺布擦除车身表面上的残蜡。

（4）清洗及擦干车身：使用冷水高压清洗机冲洗车身表面，然后喷上洗车液清洁车身，再使用高压水冲净车身，擦干后即可交车。

## 四、评价与反馈

（1）对本学习任务进行评价，如表2-1-1所示。

表 2－1－1　漆面的一般美容护理操作考核评价表

| 考核项目 | 评分标准 | 分数 | 学生自评 | 小组互评 | 教师评价 | 备注 |
|---|---|---|---|---|---|---|
| 团队意识 | 是否能相互协助<br>是否能顾全大局 | 10 | | | | |
| 工作态度 | 是否积极、认真、负责 | 10 | | | | |
| 现场 5S | 是否在整个工作过程中贯穿 5S | 10 | | | | |
| 方案设计 | 是否能结合具体的条件、环境进行合理的设计 | 10 | | | | |
| 操作过程 | 工具、设备、材料的准备是否充分<br>汽车抛光、打蜡是否规范 | 35 | | | | |
| 操作结果 | 质量是否符合要求 | 5 | | | | |
| 安全规范 | 有无违规或危险的操作 | 10 | | | | |
| 知识与能力拓展 | 是否具有自学与发展能力 | 10 | | | | |
| | 总分 | | | | | |
| 教师签名 | | | | | | |

（2）除了汽车抛光与打蜡，你还了解哪些汽车美容护理知识？

# 任务二　漆面封釉

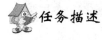 任务目标

（1）了解汽车漆面封釉的含义及其作用；
（2）了解汽车打蜡与封釉的区别；
（3）了解汽车漆面封釉产品的特点；
（4）正确使用相关的工具和设备；
（5）汽车漆面封釉美容护理工作符合安全规范。

任务描述

经过打蜡后，周先生的汽车比以前亮多了，可是开了一段时间后，汽车漆面的效果逐渐变差。于是，他把汽车开到汽车美容店，咨询美容技师有什么比漆面打蜡护理更好一些的美容方法。汽车美容店的技师根据周先

生汽车的行驶环境，建议做效果比打蜡好的封釉美容护理项目。周先生同意后，请你进行符合安全规范的封釉美容护理工作。

# 一、资料收集

**引导问题 1** 什么是漆面封釉？漆面封釉的作用是什么？

漆面封釉就是在汽车车身漆面上均匀地涂抹上釉剂，然后使用封釉振抛机挤压釉剂，使之渗透到漆面中，并在漆面上形成一层极薄的保护膜，以有效地保护和美化漆面。封釉后的漆面既有陶瓷般的光泽，还能提升漆面抗划伤能力，手感清凉如丝，车身表面无任何杂物残留。

对汽车漆面进行封釉处理后，能有效地阻挡紫外线和空气中的其他物质，延缓漆面氧化层的形成时间，还可消除细微划痕，使车身漆面亮丽如初，如图 2-2-1 所示。

图 2-2-1 汽车漆面封釉前后效果对比

**引导问题 2** 汽车打蜡与封釉有什么区别？

汽车打蜡和封釉，二者同为保护汽车漆面光泽的美容手段，因此在功能上，二者有相同的地方；但和汽车打蜡比较，封釉有着自己明显的优势。

（1）封釉后漆面不溶于水，可以避免汽车打蜡后怕水的缺陷。由于汽车打蜡所使用的蜡都是溶于水的，因此如果汽车刚刚打完蜡后碰上阴雨天气，打上的蜡就会被雨水溶解，起不到保护漆面和美容的作用。同时由于蜡可溶于水，打完蜡后给洗车也造成了诸多不便。而釉剂因为不溶于水，因此做完封釉后，不用担心被水溶解，可以长期保护汽车漆面。

（2）不损坏原有漆面。和打蜡相比，封釉的第二个优点就是不会损害汽车漆面。由于传统的汽车打蜡都要先洗车后打蜡，频繁的洗车会对汽车漆面造成损害，久而久之就会使之变薄。封釉采用的是一种类似纳米的技术，使流动的釉体附着在汽车漆面表层并以透明状硬化，相当于给汽车漆面穿上一层透明而坚硬的"保护衣"，因此可以起到保护汽车漆面的作用。

（3）保护时间长。汽车打蜡后一般可以保护一个月左右，而给汽车封釉之后，可以保护半年到一年，同时避免了经常洗车的烦恼，汽车表面的灰尘可以轻松擦去。

## 二、任务实施

**引导问题3** 给汽车漆面做封釉美容护理工作前需要做哪些准备工作？

1. 工具、设备的准备

封釉振抛机：它是封釉的专用电动工具，如图2-2-2所示。通过振抛机的高频振动和快速转动，与漆面摩擦产生热量，可以使漆面局部产生一定的扩张，使釉剂通过振动均匀地挤压渗透到漆面中，并在漆面上形成一层极薄的保护膜，从而达到保护和美化漆面的目的。

2. 主要材料的准备

（1）釉剂：石油提取物，类似车蜡的物质，如图2-2-3所示。

图2-2-2 封釉振抛机    图2-2-3 釉剂

（2）其他材料。

还需要使用到的其他材料包括洗车液、洗车泥、漆面研磨砂纸、遮蔽胶带、遮蔽膜、封釉用海绵、无纺布、纯棉毛巾等。

**引导问题4** 怎样进行汽车漆面封釉工作？

汽车漆面封釉工作一般分为两种情况，即新车封釉和旧车封釉。

1. 新车封釉

新车封釉是指车主买车后不久，趁车漆表面的"毛细孔"是干净的，没有受到污染，且还没有形成氧化层和划痕时，对汽车车漆表面所进行的封釉。

新车封釉步骤如下：

（1）清洗新车车身表面，擦干，然后放在无尘工作车间，如图2-2-4所示。

（2）遮蔽。将所有车窗用胶带和塑料膜遮蔽（图2-2-5），以免封釉时釉剂沾到车窗玻璃上而难以去除。

图2-2-4 清洗车身　　　　　图2-2-5 遮蔽

(3) 封釉。封釉一般分两遍完成。

第一遍封釉时，将釉剂充分摇匀，取适量的釉剂，将其倒在车身上，然后使用封釉振抛机振动涂抹，按照前盖→前杠→前翼子板→车顶→前门→后门→后翼子板→后盖→后杠的顺序依次进行，如图2-2-6和图2-2-7所示。

图2-2-6 车门漆面封釉　　　　图2-2-7 车后杠漆面封釉

第一遍封釉完成后，自然干燥10~20分钟，然后用专用纯棉毛巾或无纺布擦净釉面，直到光亮为止。

第二遍封釉时，重复第一遍的操作，等20分钟后，擦掉残釉，漆面达到视觉上有深层次的倒影和看上去有一层薄薄的膜的感觉，手感极度光滑，如图2-2-8和图2-2-9所示。

图2-2-8 封釉效果一　　　　图2-2-9 封釉效果二

封釉时也可以采取封釉专用海绵手工进行。手工封釉时，手的压力越大，去污渍力越强，漆面就越光泽，附着力越强。

封釉时的温度、相对湿度及天气相当讲究。当相对湿度大于90%时釉剂难以干燥或难以渗透,此时不宜施工;若温度过高,釉剂未渗透前就已固化成"釉",因此也不宜施工。

注意事项:

(1) 封釉后 8 小时内不要用水冲洗汽车,因为在这段时间内,釉层还未完全凝结,冲洗将会冲掉未凝结的釉。

(2) 做完封釉美容后尽量避免洗车,因为釉剂可防静电,因此一般灰尘用干净柔软的布条擦去即可。

(3) 做了封釉美容后不要再打蜡,因为蜡层可能会黏附在釉层表面,再追加上釉时会因蜡层的隔离而影响封釉效果。

2. 旧车封釉

旧车封釉就是在汽车表面已形成氧化层或产生细小划痕的情况下,进行研磨封釉,使汽车车漆还原如初,恢复亮丽光彩。

旧车封釉的操作步骤如下:

(1) 清洗车身漆面,使用洗车泥、研磨抛光等方法去掉氧化层和污垢。

(2) 再次清洗车身,擦干,然后将车辆放在无尘工作车间。

(3) 遮蔽。将所有车窗用塑料膜加以遮蔽,以免封釉时釉剂沾到车窗玻璃上而难以去除。

(4) 封釉。旧车封釉操作与新车封釉操作一样。

## 三、评价与反馈

(1) 对本学习任务进行评价,如表 2-2-1 所示。

表 2-2-1 漆面的封釉美容护理操作考核评价表

| 考核项目 | 评分标准 | 分数 | 学生自评 | 小组互评 | 教师评价 | 备注 |
| --- | --- | --- | --- | --- | --- | --- |
| 团队意识 | 是否能相互协助<br>是否能顾全大局 | 10 | | | | |
| 工作态度 | 是否积极、认真、负责 | 10 | | | | |
| 现场5S | 是否在整个工作过程中贯穿5S | 10 | | | | |
| 方案设计 | 是否能结合具体的条件、环境进行合理的设计 | 10 | | | | |
| 操作过程 | 工具、设备、材料的准备是否充分<br>新车、旧车封釉是否规范 | 35 | | | | |
| 操作结果 | 质量是否符合要求 | 5 | | | | |
| 安全规范 | 有无违规或危险的操作 | 10 | | | | |
| 知识与能力拓展 | 是否具有自学与发展能力 | 10 | | | | |
| 总分 | | | | | | |
| 教师签名 | | | | | | |

(2) 除了漆面封釉,你能否找到一种更好的漆面美容护理的方法?

# 任务三 漆面镀膜

**任务目标**

（1）了解汽车漆面镀膜的含义及其作用；
（2）了解汽车漆面封釉与镀膜的区别；
（3）了解汽车漆面镀膜产品；
（4）正确使用相关的工具和设备；
（5）汽车漆面镀膜美容护理工作符合安全规范。

**任务描述**

周先生前几天听说汽车漆面镀膜比封釉美容护理效果还要好，于是将开了半年多的汽车开到汽车美容店，要求进行汽车漆面镀膜护理。你作为汽车美容店的专业技术人员，请进行符合安全规范的汽车漆面镀膜工作。

## 一、资料收集

**引导问题1　什么是漆面镀膜？漆面镀膜的作用有哪些？**

汽车镀膜是指将某种特殊的药剂涂抹在车漆表面，利用这种药剂在车漆表面的化学变化，形成一层很薄、坚硬、透明的保护膜，从而在一定期间内保护车漆不受外界污物、杂质等的影响，最终达到车漆不氧化、易于清洁、保持靓丽的目的。

汽车漆面镀膜的主要作用如下：

（1）防水。汽车表面经过镀膜剂处理之后，具有超强的防水性。当水落到汽车表面上的时候，这些水会像荷叶般把水缩成粒粒的水珠，防止形成水垢，以免对车漆造成污染。

（2）耐高温。汽车镀膜由玻璃晶体制作而成，在炎炎夏日，可以很好地将阳光以及辐射反射出去，从而起到耐高温、防止高温对车漆损害的作用。

（3）防刮痕。在前文讲解汽车镀膜的时候，提到过它是由非有机镀膜组成的，可以很大程度上提高车身的强度，进而可以减少人为或者沙砾对车身造成的刮痕。

（4）耐腐蚀。汽车镀膜不仅不会被氧化，还能抵抗酸雨、飞虫对车漆的腐蚀，从而防止褪色和损伤，可见其防腐性能极高。

(5) 防氧化。汽车镀膜可以防止漆面老化和氧化。它可以将车漆和空气完全隔绝，从而起到防氧化、防掉色、防脱漆的作用。

**引导问题 2　汽车封釉与镀膜有什么区别？**

汽车封釉和镀膜都是养护汽车漆面的手段，但是它们之间的区别很大，具体如下：

(1) 原料与原理不同。汽车封釉的养护理念是将釉剂加压封入车漆的空隙中，与车漆结合到一起。优点是与车漆融为一体，增亮效果明显；但由于它自身的易氧化性，会连带漆面共同氧化，导致漆面失去光泽。为避免这个缺陷，汽车镀膜一般采取一种氟碳和玻璃素的无机聚合物材质，变结合为"覆盖"，即以透明的"膜"的形式附着在漆面上，避免漆面受外界损伤，同时也避免了保护剂本身对车漆的影响，从而长期保持车漆的原厂色泽。由于膜层本身结构的紧密，很难被破坏，所以它可以大幅降低外力对漆面的损伤。

(2) 操作工艺不同。原料及原理的差异，必然造成工艺上的区别。釉剂因为要与漆面充分结合，所以附着方式要用高转速的振抛机把釉剂挤压封入漆面（所以称为封釉）。这种压力作用在漆面上，经常会造成漆面损伤。镀膜采用了温和的涂抹及擦拭的附着方式，依靠膜本身的分子结合力附着在漆面上，避免损伤车漆。

(3) 保护时间不同。汽车封釉后一般能保持半年到一年，而镀膜至少可以保持一年时间。

(4) 其他方面。汽车封釉和镀膜在价格和作用效果上也有区别，详见表 2-3-1。

表 2-3-1　汽车封釉与镀膜区别

| 项目 | 封釉 | 镀膜 |
| --- | --- | --- |
| 保持时间 | 6 个月 | 12 个月 |
| 价格 | 600~900 元 | 900~2 500 元 |
| 原料 | 石油提取物 | 无机物 |
| 原理 | 釉渗入漆面中 | 保护膜附着漆面 |
| 硬度 | 稍有硬度 | 硬度高 |
| 防划伤 | 有一定防划伤能力 | 防划伤能力强 |

## 二、任务实施

**引导问题3** 给汽车漆面做镀膜美容护理工作前需要做哪些准备工作？

1. 工具、设备的准备

汽车镀膜专用海绵：它的韧性很好，耐磨性也强，能有效地保持镀膜剂，镀膜时不留划痕，如图2-3-1所示。

2. 主要材料的准备

（1）汽车镀膜产品。

汽车镀膜产品（图2-3-2）有以下几种：

图2-3-1 镀膜海绵　　　　图2-3-2 镀膜产品

① 树脂类镀膜产品。

它的特点是成膜性好，附着力强，价格便宜而被广泛应用；但其硬度与光泽度不好，同时抗氧化性能、抗腐蚀性能及耐候性都很差。因此，它逐渐被淘汰。

② 氟素类产品。

它成膜性好，耐腐蚀、耐候性、耐磨损的性能都非常优越；但其最大的缺点是附着力差，几乎所有物质都不与氟素类涂膜黏合。因其无法与漆面长期附和，所以它的保护时间就变得非常短。

③ 玻璃纤维素产品。

它是一种化学高分子材料，因为其具有高密度的化学特性，所以被应用在汽车美容领域。此类产品的主要成分是聚硅氧烷，成膜后会形成二氧化硅的玻璃，因此也称玻璃质的镀膜。玻璃纤维素镀膜具有光泽度高、抗氧化、耐酸碱、抗紫外线的特点。给漆面镀膜后，漆面光泽度很好，并把漆面与外界隔绝，起到了较好的保护作用。其缺点是，不能提高漆面硬度，不能抵御物理性损伤，原材料成本高昂，同时施工工艺相对复杂。

④ 无机纳米镀膜。

无机纳米镀膜是近几年出现的镀膜新材料。它采用进口原料和先进的纳米交联反应技术，由纳米无机材料配制而成。纳米材料独有的特性能给车漆提供完美的保护。它的主要成分为纳米氧化铝和纳米氧化硅。纳米级别的粒子为球形，润滑性极高，因此施工后漆面手感极其润滑。氧化铝、氧化硅是天然宝石、水晶的主要成分，因此膜层的硬度、耐磨性极高，而且本身非常稳定，长期不氧化，能长效保持漆面的镜面效果，因此也被称为"液体水晶"。该镀膜最大的特点就是，不但能隔绝漆面与外界的直接接触，起到防氧化、防水、防高温、防紫外线、防静电、防酸碱等基本作用，还能大大提升漆面的硬度和光泽度。这是其他汽车镀膜所欠缺的功能。

（2）其他材料。

还需要使用到的其他材料包括洗车液、漆面研磨砂纸、遮蔽胶带、遮蔽膜、无纺布、纯棉毛巾等。

**引导问题4　怎样进行汽车漆面镀膜工作？**

汽车镀膜操作步骤如下：

1. 新车镀膜

（1）清洗新车车身表面（图2-3-3），擦干，然后将其停放在无尘工作车间。

（2）遮蔽。在所有车体缝隙处用胶带纸进行遮蔽，以免镀膜产品落入而损伤车体塑料，如图2-3-4所示。

图2-3-3　镀膜前洗车　　　　　　图2-3-4　镀膜前遮蔽

（3）将镀膜产品充分摇均匀后，倒入专用镀膜喷枪。一般一辆车镀膜产品用量为60 mL为宜。

（4）调整镀膜喷枪的气压、流量和喷枪扇面，按照前盖→前杠→前翼子板→车顶→前门→后门→后翼子板→后盖→后杠的顺序依次进行喷涂镀膜产品。

（5）或用专用镀膜海绵以画圆方式均匀涂抹车身。如图2-3-5所示，按照喷涂顺序涂抹全车。

(6) 自然晾干10分钟。

(7) 重复操作（4）或（5）。

(8) 自然晾干30分钟后，用专用纯棉毛巾或无纺布擦净车身即可，此时车身表面光滑如镜，如图2-3-6所示。

(9) 涂防静电蜡。

图2-3-5　手工镀膜　　　　　　图2-3-6　镀膜效果

2. 旧车镀膜

一般车身漆面有轻微氧化层和划痕的汽车也可以进行镀膜处理，操作步骤如下：

（1）清洗车身漆面，使用P1500~2000水砂纸研磨抛光氧化层和轻微划痕。

（2）再次清洗车身，擦干，然后将车辆放在无尘工作车间。

（3）遮蔽。将所有车窗、轮胎及其他不需要镀膜部位用塑料膜加以遮蔽。

（4）将镀膜产品充分摇均匀后，倒入专用镀膜喷枪。

（5）调整镀膜喷枪的气压、流量和喷枪扇面，按照前盖→前杠→前翼子板→车顶→前门→后门→后翼子板→后盖→后杠的顺序依次喷涂镀膜产品。

（6）或用专用镀膜海绵以画圆方式均匀涂抹车身，按照喷涂顺序涂抹全车。

（7）自然晾干10分钟。

（8）重复操作（5）或（6）。

（9）自然晾干30分钟后，用专用纯棉毛巾或无纺布擦净车身即可。

# 三、评价与反馈

（1）对本学习任务进行评价，如表2-3-2所示。

表 2-3-2　漆面镀膜的美容护理操作考核评价表

| 考核项目 | 评分标准 | 分数 | 学生自评 | 小组互评 | 教师评价 | 备注 |
| --- | --- | --- | --- | --- | --- | --- |
| 团队意识 | 是否能相互协助<br>是否能顾全大局 | 10 | | | | |
| 工作态度 | 是否积极、认真、负责 | 10 | | | | |
| 现场5S | 是否在整个工作过程中贯穿5S | 10 | | | | |
| 方案设计 | 是否能结合具体的条件、环境进行合理的设计 | 10 | | | | |
| 操作过程 | 工具、设备、材料的准备是否充分<br>新车、旧车镀膜是否规范 | 35 | | | | |
| 操作结果 | 质量是否符合要求 | 5 | | | | |
| 安全规范 | 有无违规或危险的操作 | 10 | | | | |
| 知识与能力拓展 | 是否具有自学与发展能力 | 10 | | | | |
| 总分 | | | | | | |
| 教师签名 | | | | | | |

（2）在实施作业时，你还遇到了哪些方面的问题，如何提高操作技能？

# 任务四　处理漆面失光

**任务目标**

（1）了解汽车漆面失光的原因；

（2）掌握汽车漆面失光的预防方法；

（3）正确使用和维护相关的工具及设备；

（4）汽车漆面失光美容护理工作符合安全规范。

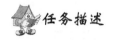

刘女士的汽车开了4年，经常进行清洗、打蜡等日常养护，但漆面的光泽还是不如以前，于是把汽车开到汽车美容店进行咨询。汽车美容店的专业技术人员查看后，发现光泽不好的主要原因是汽车使用过程中造成的漆面老化、褪色、失光等问题。你作为汽车美容店的技术人员，请根据刘女士汽车漆面老化、褪色、失光的具体原因，采取相应的方法进行处理。

# 一、资料收集

**引导问题1　什么是漆面失光？汽车漆面失光的原因有哪些？**

在使用过程中，或是因为受到强腐蚀性介质（如酸雨、碱性洗车液等）的侵蚀，在汽车漆面上形成氧化层，造成漆面失光；或是漆面受到一定的损伤，汽车漆面变得凹凸不平，产生光线漫射，从而使漆面视觉效果恶化，如图2-4-1和图2-4-2所示。

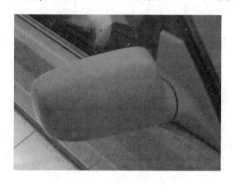

图2-4-1　后视镜漆面失光

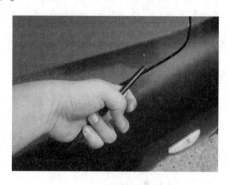

图2-4-2　车身漆面失光

汽车漆面失光的原因一般有以下3种情况：

1. 日常保养不当

（1）洗车不当。洗车时常选用碱性较强的清洗剂，容易腐蚀车漆，从而使漆面失光。

（2）擦车不当。汽车使用过程中，汽车表面常累积尘埃。在擦拭时，使用毛巾或抹布擦车容易造成漆面划伤，形成很多细小划痕。

（3）不注意日常打蜡保护。日常护理中不打蜡或打蜡不及时，使漆面受到紫外线或酸雨等物质腐蚀而失去光泽。

（4）行驶环境恶劣。汽车行驶环境中存在酸雨或盐雾及其他化学微粒，它们会对漆面形成一定的腐蚀。

2. 透镜效应

当汽车漆面存有小水滴时，由于水滴呈扁平凸透镜状，在阳光照射下，对日光有聚焦作用，焦点处的温度高达800℃～1 000℃，从而导致漆面被灼伤，出现肉眼看不到的小孔洞，有些甚至深达金属基材。这种情况被称为透镜效应。透镜效应会灼伤漆面。若灼伤范围较大、分布范围较广，漆面就会出现严重程度的失光。

3. 自然老化

汽车行驶及存放时，即使对车辆各方面保护工作都很细致，但是漆面经常在风吹日晒及雨雾环境中受到侵蚀，久而久之，也会出现自然老化现象。

**引导问题2** 怎样预防汽车漆面失光？

汽车漆面失光的原因有很多，应采取正确的措施加以有效的预防。预防漆面失光的方法有以下两种：

（1）使用正确的漆面美容护理用品。选择洗车液时最好选择中性的洗车液。它不会对漆面造成任何腐蚀。洗车或擦车时应选择无纺布或海绵等物品。这类物质非常柔软，不会对漆面形成任何划痕。车蜡，也应选择正规厂家生产的产品。质量差的车蜡不但对漆面形成不了有效的保护，而且有时容易粘上灰尘。

（2）定期进行日常保养护理。打蜡是一种很有效的漆面护理方法。它不但使漆面亮丽如新，还可以保护车漆不受紫外线和酸雨的腐蚀，因此定期进行打蜡美容可以预防汽车漆面失光。同样，汽车漆面封釉或漆面镀膜都是非常有效的预防漆面失光的护理方法。

## 二、任务实施

**引导问题3** 给汽车漆面做失光美容护理工作前需要做哪些准备工作？

1. 工具的准备

汽车漆面失光美容护理需要用到的工具有抛光机、抛光垫、打磨块、喷壶、风枪、海绵等。

2. 材料的准备

汽车漆面失光美容护理需要用到的材料有抛光剂、汽车蜡、洗车液、砂纸等。

**引导问题4** 怎样进行汽车漆面失光的美容护理工作？

汽车漆面失光的美容护理可按如下方法和步骤进行：

1. 确定漆面失光的原因及对应处理方法

（1）自然氧化导致的失光。漆面无明显划痕，漆面斑点较小。对于这种情况一般采用抛光研磨的方法进行处理。若失光严重，则要求重新涂装翻新。

（2）浅划痕导致的失光。在光线较好（阳光下）的环境下观察，漆面若分布有较多的浅划痕，则一般采用抛光研磨的方法进行处理。

（3）透镜效应引起的失光。用放大镜观察漆面，若发现漆面有较多的斑点，则说明漆面因透镜效应受到严重侵蚀，要求进行翻新施工。

2. 抛光研磨处理

对因自然老化不严重或浅划痕引起的汽车漆面失光，一般选择抛光研磨处理。其操作工艺流程如下：

（1）洗车。清除汽车车身表面所有的杂物，如尘土及其他颗粒，避免抛光时造成意外的损害。

（2）漆面研磨抛光。漆面抛光作业前，要根据漆面的状况（如漆面的硬度、厚度等），选择合适的抛光剂并按照抛光机的操作方法操作。具体的抛光操作方法详见本项目任务一。

（3）漆面打蜡。抛光作业结束后，漆面失光问题基本上被消除，对于抛光作业留下的旋印，可通过漆面打蜡处理。具体的打蜡步骤详见本项目任务一。

3. 涂层翻新处理

如果是严重自然老化或透镜效应引起的涂层失光，则要求对车身漆面进行翻新处理。关于涂层翻新处理的具体操作流程，可参考本项目任务七。

## 三、知识与能力拓展

**引导问题5　汽车漆面粉化的原因及处理的方法有哪些？**

汽车漆面粉化一般是指漆膜表面出现白垩状的尘土或粉末，通常发生在老化、旧的漆膜表面（图2-4-3）。

图2-4-3　粉化

1. 可能产生的原因

（1）长时间受强日光照射，油漆中添加剂使用不当。不符合要求的添加剂会降低漆膜的抵抗力，使其对日光等有害影响更为敏感。

（2）油漆中的树脂或颜料老化。

（3）长期暴露于工业区附近，因其大气环境不良，来自工业区的污染物或化学物侵蚀漆膜表面，使漆膜抵抗力减弱。

（4）稀释比例不当或使用了不良稀释剂。使用不合规定的稀释剂或使用过量的稀释剂，均会使漆膜中残留有害的溶剂。当其暴露于阳光之中时，此种有害的溶剂会加速漆料的分解而产生粉化。

2. 预防的方法

（1）使用推荐的材料。

（2）避免紫外线（强光）照射漆膜，且不用强力洗涤剂清洗漆膜。

3. 处理的方法

将漆膜磨平并抛光，即可恢复光泽。严重时，需重新喷涂面漆。

## 四、评价与反馈

（1）对本学习任务进行评价，如表2-4-1所示。

表2-4-1 漆面失光的美容护理操作考核评价表

| 考核项目 | 评分标准 | 分数 | 学生自评 | 小组互评 | 教师评价 | 备注 |
|---|---|---|---|---|---|---|
| 团队意识 | 是否能相互协助<br>是否能顾全大局 | 10 | | | | |
| 工作态度 | 是否积极、认真、负责 | 10 | | | | |
| 现场5S | 是否在整个工作过程中贯穿5S | 10 | | | | |
| 方案设计 | 是否能结合具体的条件、环境进行合理的设计 | 10 | | | | |
| 操作过程 | 工具、设备、材料的准备是否充分<br>漆面粉化、失光处理是否规范 | 35 | | | | |
| 操作结果 | 质量是否符合要求 | 5 | | | | |
| 安全规范 | 有无违规或危险的操作 | 10 | | | | |
| 知识与能力拓展 | 是否具有自学与发展能力 | 10 | | | | |
| 总分 | | | | | | |
| 教师签名 | | | | | | |

（2）在实施作业时，你还遇到了哪些方面的问题，如何提高操作技能？

# 任务五　处理漆面划痕

**任务目标**

（1）了解汽车漆面划痕产生的原因；
（2）了解汽车漆面划痕的种类；
（3）正确使用和维护相关的工具及设备；
（4）汽车漆面划痕处理工作符合安全规范。

**任务描述**

罗先生在郊外开车时，因不小心汽车被公路旁的树枝划了很多划痕，于是把汽车开到汽车美容店。你作为汽车美容店的技术人员，请根据罗先生汽车的划痕情况，进行符合安全规范的汽车漆面划痕处理工作。

## 一、资料收集

**引导问题1　汽车漆面划痕产生的原因有哪些？**

汽车在日常行驶过程中，难免会产生各种划痕，如图2-5-1所示。汽车漆面划痕产生的原因有：

（1）交通意外产生的划痕。汽车在行驶中有时会发生交通意外，如车辆之间发生挤撞，会在车身上产生划痕。

（2）被树枝等划伤而产生的划痕。汽车经过树木茂盛的地区时，容易被它们划伤。

（3）人为划痕。汽车在停放过程中，有人出于恶意使用钥匙或其他硬物划过汽车表面，从而产生划痕。

**引导问题2　汽车漆面划痕如何进行分类？**

汽车漆面划痕一般分为3类：浅度划痕、中度划痕和深度划痕。

（1）浅度划痕：浅度划痕未伤及底漆，仅仅涉及清漆层，如图2-5-2所示的划痕A。

（2）中度划痕：中度划痕伤及色漆层和底漆层之间，如图2-5-2所示的划痕B和C。

（3）深度划痕：深度划痕伤及底漆，严重的甚至伤及金属基材，如图2-5-2所示的划痕D。

图2-5-1　漆面划痕

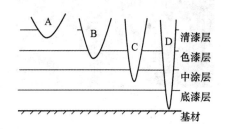
图2-5-2　划痕分类示意

## 二、任务实施

**引导问题3　给汽车漆面做划痕美容处理工作前需要哪些准备工作？**

1. 工具的准备

汽车漆面划痕处理需要使用的工具有喷枪、抛光机、抛光垫、打磨块、喷壶、风枪、海绵等。

2. 材料的准备

汽车漆面划痕处理需要用到的材料有洗车液、砂纸、抛光剂、汽车蜡、除油剂、中涂底漆、面漆等。

## 引导问题4 怎样进行汽车漆面浅度划痕的处理工作?

汽车漆面浅度划痕一般是由于树枝轻微刮伤或洗车不当等原因造成的创伤。经检查,罗先生的汽车清漆层没有划穿,可以采取以下步骤进行修复处理。

### 1. 清洗

首先将漆面表层的上光蜡薄膜层、油膜及其他异物去除。方法是采用除油剂对划伤部位进行清洗,然后用风枪吹干,如图2-5-3所示。

### 2. 研磨

根据刮痕的大小和深度,选用适当的打磨材料,如可使用P1500~2000号漆面研磨砂纸蘸水对划伤的表面层进行打磨。打磨一般采用人工作业,也可以用干磨机进行打磨。打磨时要注意不能磨穿漆面层。如漆面层被磨穿,透出中涂漆层,则必须喷涂漆面,进行补救。

### 3. 抛光

将抛光剂均匀涂抹于划痕打磨区域,配合抛光机进行抛光处理,如图2-5-4所示。抛光时应注意被抛光漆面的变化,因漆面打磨后相对于原涂层已经变薄,随时有可能抛穿。

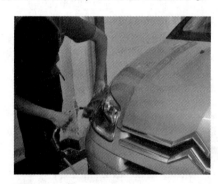
图2-5-3 吹干

图2-5-4 抛光

### 4. 打蜡

对划痕抛光区的车身部件做打蜡上光处理,如图2-5-5所示。

### 5. 检查

检查划痕处理区域的光泽、纹理是否和周边漆面一致。若有差异,则必须进行修整(重新研磨抛光)。

### 6. 清洁

用毛巾将抛光区域的四周擦拭干净,如图2-5-6所示。

图 2-5-5 打蜡

图 2-5-6 清洁

**引导问题 5　怎样进行汽车漆面中度划痕的处理工作？**

汽车漆面中度划痕一般是面漆层已被刮穿，但未伤及底漆层。其修补的操作工艺流程具体如下：

1. 表面处理

（1）清洁除油。冲洗待处理划痕区域，然后使用除油剂清除表面油脂或蜡质。

（2）打磨。划痕与涂层边缘会形成凹槽，为了产生一个宽的、平滑的边缘，使施涂的各涂层平滑过渡，需要对划痕边缘涂层进行打磨。中度划痕只是面漆层、中涂层有创伤，只要将划痕与各涂层的边缘打磨得没有明显台阶，变得光滑就可以了。可以选用 P320 或 P360 号砂纸配合打磨块进行打磨，如图 2-5-7 所示。

2. 中涂底漆施工

中度划痕一般未露出金属基材，仍有底漆层附着良好，故可以在原有底漆层上直接喷涂中涂底漆。

3. 面漆涂装

面漆的涂装可以参考项目二任务七中的相关内容进行施工。修复后，漆面恢复原来光鲜，如图 2-5-8 所示。

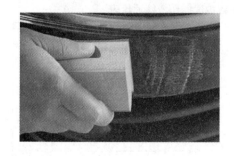
图 2-5-7 打磨

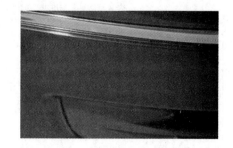
图 2-5-8 划痕处理后

**引导问题 6　怎样进行汽车漆面深度划痕的处理工作？**

深度划痕是因汽车发生碰撞、刮擦等而造成的创伤。对于深度划痕的处理一般先由钣金进行整平，恢复到原有形状，再进行漆面修复。具体的操作过程可以参考项目二任务七中的相关内容。

## 三、知识与能力拓展

**引导问题7** 怎样利用补漆笔进行划痕处理？

如果划痕不长，或是在不明显区域，一般可以采用补漆笔对这类划痕进行修补。利用补漆笔进行划痕处理的步骤如下：

（1）表面处理。先用清洁剂清洗划痕区域，再用胶带纸贴在划痕两侧，然后用P800或以上的砂纸进行简单打磨。打磨区域不可过大，只是提高附着力即可，然后再清洁干净，如图2-5-9所示。

（2）用补漆笔蘸上少许面漆（最好用之前剩余的面漆，这样不会产生色差），并迅速将其滴到划痕处，如图2-5-10所示。

图2-5-9 划痕表面处理　　　图2-5-10 补漆笔修复划痕

（3）再用一支补漆笔蘸取少许面漆稀释剂涂抹在修补部位，使修补部位变得平整，并利用稀释剂的溶解作用使修补部位和周围融合。

（4）待完全干燥后可以稍稍打磨并做抛光处理。

## 四、评价与反馈

（1）对本学习任务进行评价，如表2-5-1所示。

表2-5-1 漆面划痕的美容护理操作考核评价表

| 考核项目 | 评分标准 | 分数 | 学生自评 | 小组互评 | 教师评价 | 备注 |
| --- | --- | --- | --- | --- | --- | --- |
| 团队意识 | 是否能相互协助 是否能顾全大局 | 10 | | | | |
| 工作态度 | 是否积极、认真、负责 | 10 | | | | |
| 现场5S | 是否在整个工作过程中贯穿5S | 10 | | | | |
| 方案设计 | 是否能结合具体的条件、环境进行合理的设计 | 10 | | | | |

续表

| 考核项目 | 评分标准 | 分数 | 学生自评 | 小组互评 | 教师评价 | 备注 |
| --- | --- | --- | --- | --- | --- | --- |
| 操作过程 | 工具、设备、材料的准备是否充分<br>浅度、中度划痕的处理是否规范 | 35 | | | | |
| 操作结果 | 质量是否符合要求 | 5 | | | | |
| 安全规范 | 有无违规或危险的操作 | 10 | | | | |
| 知识与能力拓展 | 是否具有自学与发展能力 | 10 | | | | |
| 总分 | | | | | | |
| 教师签名 | | | | | | |

（2）在实施作业时，你还遇到了哪些方面的问题，如何提高操作技能？

# 任务六　处理漆面斑点

 任务目标

（1）了解汽车漆面斑点产生的原因；
（2）了解汽车漆面斑点的种类；
（3）正确使用、维护相关的工具和设备；
（4）汽车漆面斑点的处理工作符合安全规范。

任务描述

罗女士所住的小区是老社区，没有室内停车场，平时将汽车停到社区里的大树下面。近段时间，洗完车后她发现汽车漆面上仍有很多鸟粪、油污等（图2-6-1）痕迹，很难清除干净，于是她将汽车开到汽车美容店。你作为汽车美容店的技术人员，请根据罗女士汽车漆面的情况，进行符合安全规范的汽车漆面斑点处理工作。

图2-6-1　汽车车身漆面上的鸟粪

## 一、资料收集

**引导问题1　汽车漆面斑点产生的原因有哪些?**

汽车漆面斑点是漆膜表面出现的异色斑状污点。其产生的原因主要如下:

1. 鸟粪等对漆膜的腐蚀

鸟粪、虫子尸体等污物具有很强的酸性。当车身漆膜上有此类污物时,会很快渗进漆膜,使漆膜受到腐蚀,从而失去光泽。

2. 酸雨对漆膜的腐蚀

随着工业化程度的提高,城市污染日益严重,大气中的酸性物质越来越多,雨水的酸性也就越来越高,进而形成酸雨。受到酸雨的腐蚀后,汽车漆膜会呈现一些类似水滴干后的印记,使漆膜变色。

其中,汽车车漆如果是硝基漆或醇酸漆,则所受酸雨腐蚀的程度尤为严重。涂有透明清漆的面漆,虽然清漆有一定的保护作用,但酸雨仍能腐蚀清漆,同样也会损伤漆膜,只是需要的时间长一些。

**引导问题2　汽车漆面斑点的种类有哪些?**

汽车漆面斑点可以按斑点产生的原因和渗透的深度进行划分。具体分类如下:

1. 按斑点产生的原因分类

按斑点产生的原因不同,可分为污斑、雨斑、霉斑、鸟粪斑等,如图2-6-2和图2-6-3所示。

图2-6-2　污斑　　　　　　　图2-6-3　油漆斑

2. 按斑点渗透的深度分类

按斑点渗透深度的不同,可分为轻微斑点、表层斑点和深层斑点。

## 二、任务实施

**引导问题3　处理汽车漆面斑点前需要做哪些准备工作?**

1. 工具的准备

处理汽车漆面斑点需要用到的工具有喷枪、抛光机、抛光垫、打磨块、喷壶、风枪、海绵等。

2. 材料的准备

处理汽车漆面斑点需要用到的材料有汽车底漆、面漆、抛光剂、汽车蜡、洗车液、除油剂、砂纸等。

**引导问题4　怎样进行汽车漆面轻微斑点的处理工作?**

如果漆膜出现很浅的雨斑或污斑印记,且漆色已变,但斑点没有向深层渗透,那么这类斑点属于轻微斑点。它的清除比较简单,一般采取洗车打蜡的方式来处理。其操作方法如下:

(1) 清洁除油,如图2-6-4和图2-6-5所示。用高压水冲洗车身斑点,洗净擦干,然后在漆膜斑点区域表面喷上除油剂,清除漆膜上的蜡层和其他油脂。

(2) 中和处理。在漆膜斑点区域喷上小苏打水,等待5~10分钟,使被酸性腐蚀的漆膜斑点与苏打水进行中和,彻底洗净所有斑点区域。

(3) 清洗。当漆膜斑点表面的附着物完全溶解后,再用洗车液清洗车辆。

(4) 打蜡上光。擦干车身,然后打蜡上光,如图2-6-6和图2-6-7所示。

图2-6-4　洗车

图2-6-5　除油

图2-6-6　上蜡

图2-6-7　抛蜡

**引导问题5　怎样进行汽车漆面表层斑点的处理工作?**

如果漆膜斑点呈环状,且环的中心已呈暗色,表面斑点已进入表层,那么这类斑点属于表层斑点。它的处理方法与轻微斑点的方式不同。具体操作如下：

（1）清洁除油，并做中和处理，如图2-6-8所示。按轻微斑点处理的方法进行清洗，并做中和处理。

（2）抛光。

① 研磨。用P1500~2000水砂纸进行研磨，直到斑点消失。之后再用P1200砂纸研磨。

② 抛光，如图2-6-9所示。如果斑点不深，则可以用抛光海绵配合抛光剂进行手工抛光；如果斑点较深，则要用抛光机抛光。用抛光机抛光时要经常检查，以防抛光过度而导致磨穿漆膜。

（3）打蜡上光。斑点抛光清除后清洁车身，然后打蜡上光。

图2-6-8 洗车

图2-6-9 抛光

**引导问题6　怎样进行汽车漆面深层斑点的处理工作？**

深层斑点是指已渗透到漆膜深层，或出现严重的霉变及锈蚀的斑点。这类斑点的处理一般是先彻底清除斑点，再进行修补。具体操作如下：

1. 清除斑点

（1）清洁。用高压水彻底冲洗斑点及周围区域，然后擦干。

（2）除锈。斑点中心裸露出金属基材的部分如有锈蚀，则应进行除锈。先用单作用打磨机配合P60~80砂纸打磨锈蚀处，直至露出金属光泽为止，然后除尘。

（3）羽状边处理。以斑点为中心，将周围漆膜打磨成由薄到厚的平滑过渡状态，这被称为打磨羽状边。打磨时先用双作用打磨机配合P120砂纸进行研磨。羽状边完成后，再用P180~240砂纸进行粗化羽状边边缘10~15 cm的范围。

2. 漆层修补

将斑点清除后应进行底漆层修补、中涂层修补和面漆层修补。具体操作方法参考项目二任务七中的相关内容。

# 三、评价与反馈

（1）对本学习任务进行评价，如表2-6-1所示。

表 2-6-1 漆面斑点的美容护理操作考核评价表

| 考核项目 | 评分标准 | 分数 | 学生自评 | 小组互评 | 教师评价 | 备注 |
|---|---|---|---|---|---|---|
| 团队意识 | 是否能相互协助 是否能顾全大局 | 10 | | | | |
| 工作态度 | 是否积极、认真、负责 | 10 | | | | |
| 现场5S | 是否在整个工作过程中贯穿5S | 10 | | | | |
| 方案设计 | 是否能结合具体的条件、环境进行合理的设计 | 10 | | | | |
| 操作过程 | 工具、设备、材料的准备是否充分 漆面轻微斑点、表层斑点、深层斑点的处理是否符合规范 | 35 | | | | |
| 操作结果 | 质量是否符合要求 | 5 | | | | |
| 安全规范 | 有无违规或危险的操作 | 10 | | | | |
| 知识与能力拓展 | 是否具有自学与发展能力 | 10 | | | | |
| 总分 | | | | | | |
| 教师签名 | | | | | | |

（2）在实施作业时，你还遇到了哪些方面的问题，如何提高操作技能？

# 任务七 修复漆面

### 任务目标

（1）了解汽车常用底漆、腻子、中涂底漆、面漆的性能及种类；
（2）正确使用相关的工具和设备；
（3）汽车漆面修复处理工作符合安全规范。

### 任务描述

张先生"十一"长假外出自驾游，不小心将爱车右前翼子板前端漆面擦伤，于是将汽车开到汽车美容店进行漆面处理。你作为汽车美容店的技术人员，请根据张先生汽车漆面损伤的情况，进行符合安全规范的汽车漆面修复处理工作。

# 一、资料收集

**引导问题1** 什么是底漆？底漆起什么作用，应具备哪些性能？

底漆，即底涂层用漆。它是直接涂于物体表面的涂料。它是被涂物面与涂层之间的黏结层。它可以使其上面的各涂层牢固地结合并覆盖在被涂物体上；同时底漆在钢铁表面形成干膜后，可以隔绝或阻止钢铁表面与空气、水分及其他腐蚀介质的直接接触，起到缓蚀保护作用。

汽车涂装由于既属于高级保护性涂装，又属于中、高级装饰性涂装，所以汽车上选用的底漆应该具备如下特点才能满足要求：

（1）底漆对经过表面预处理的底材表面具有良好的附着力。干燥后所形成的涂膜要有良好的机械强度。

（2）底漆本身必须是耐腐蚀的阻化剂。底漆涂层必须具有极好的耐腐蚀性、耐水性和抗化学药品性。

（3）底漆与中间涂层或面漆层配套性良好，不能出现不良反应。

（4）底漆应具有良好的施工性能。制造涂装用的底漆要能适应流水线作业，而修补涂装用的底漆要能适应手工修补作业。

**引导问题2** 什么是腻子？腻子起什么作用，应具备哪些性能？

腻子是一类含有大量体质颜料的膏状或厚浆状的涂料，由树脂、颜料（主要是体质颜料）、溶剂、助剂等物质组成，如图2-7-1所示。

图2-7-1 腻子

腻子主要用来填平底材上的凹坑、缝隙、孔眼、焊疤、刮痕以及加工过程中所造成的物面缺陷，达到恢复或塑造工件表面形状的目的。

由于汽车涂装要求的高级保护性及装饰性，在汽车上使用的腻子必须具备以下性能：

（1）与底漆、中涂底漆及面漆有良好配套性，不发生咬底、起皱、开裂、脱落等现象，有较强的层间黏合力。

（2）具有良好的刮涂性能，垂直面涂装性能良好，无流淌现象，有一定韧性，附着力好，刮涂时腻子不反转，薄涂时腻子层均匀光滑。

（3）打磨性良好，腻子层干燥后软硬适中，易打磨，不粘砂，能适应干磨或湿磨。打磨后腻子层边缘平整光滑且无接口痕迹。

（4）干燥性能良好，能在规定时间内干燥。

（5）形成的腻子层要有一定韧性和硬度，以防汽车行驶中的振动引起原腻子层开裂，轻微碰撞引起低凹或划痕。

（6）具有较好的耐溶剂和耐潮湿性，否则会引起涂层起泡。

**引导问题3　什么是中涂底漆？中涂底漆起什么作用，应具备哪些性能？**

中涂底漆是用于底漆涂层与面漆涂层之间的底漆，常常被称为"二道底漆"或"二道浆"。它的主要作用是增加面漆涂层与下面涂层的附着力，提高面漆涂层的平整度和丰满度；隔绝和封闭下面涂层，防止面漆往下渗透而产生漆膜缺陷；同时也有填充针孔、细小划痕、细小缺陷的能力等。

汽车用中涂底漆应具有如下性能：

（1）与底漆层、腻子层、旧漆层及后喷面漆层有良好的配套性，能够同时为底漆层和面漆层提供良好的附着力。

（2）干燥后的中涂漆层硬度适中，有良好的打磨性和耐水性，湿磨后表面平整光滑，无起皱、无脱皮等，局部漆层边缘平滑性好，无接口痕迹。

（3）有良好的填充性能，经打磨后能消除底材上的轻微划痕、砂痕、砂孔等。

（4）有良好的隔离性能，能防止底漆层、腻子层、旧漆层中的不良物质向面漆层渗出而污染漆膜表面，破坏面漆层的装饰性，同时能阻止面漆层的溶剂渗透到底漆层、腻子层、旧漆层中。

（5）能提供给面漆层一个吸附性一致的涂面，同时由于其本身具有良好的防渗透性，可以提高面漆的光泽度，因此可以极大地提高面漆的装饰性。

（6）有良好的施工性能，如温度适应性、干燥迅速、施工容易等。

**引导问题4　什么是面漆？面漆起什么作用，应具备哪些性能？**

面漆，即表面的油漆。它是喷涂在整个涂层最外面的一层涂料，是涂层组合中唯一可见的部分，起着装饰、标识等作用。

由于面漆直接与各种气候条件（如阳光、雨雪、大气、严寒酷暑等）及有害物质（如工业大气、酸雨、各种化学物质等）接触，又要满足装饰美观的需要，所以相对于底漆和中涂层，面漆有着更严格的要求。一般汽车用面漆要考虑的性能要求如表2-7-1所示。

表 2-7-1 汽车用面漆的性能要求

| 项目 | 性能要求 |
|---|---|
| 外观 | 漆膜丰满、光滑、平整、色彩鲜艳，光泽醒目，色差小 |
| 机械性能 | 漆膜应具有良好的附着力、坚韧耐磨、耐冲击、耐弯曲、耐划伤、耐摩擦等性能 |
| 耐候性及耐老化性能 | 耐候性及耐老化性能是选择面漆时的重要指标之一。如果汽车用面漆的耐候性及耐老化性能不好，则使用不久面漆涂层就会失光、变色及粉化，直接影响汽车的装饰性，新车变成旧车。因此，要求涂料能适应各种自然环境 |
| 耐湿热和防腐蚀性 | 面漆涂层在湿热条件下应不起泡、不变色和不失光。对面漆涂层的防腐蚀性要求虽然没有像对底漆涂层那样高，但与底漆涂层配套后，应能增强整个漆膜的防腐蚀性 |
| 耐化学药品性 | 面漆涂层使用过程中，如与蓄电池酸液、润滑油、制动液、汽油及各种清洗剂等直接接触，擦净后接触面不应有变色、起泡或失光等现象 |
| 施工性能 | 用于汽车制造厂的涂料必须能很好地适应流水线作业，在高温条件下迅速干燥，具有较好的重涂性（即不打磨情况下再涂面漆，结合力良好）和修补性。对装饰性要求高的车辆，还应具有优良的抛光性能。汽车修补用面漆必须与原厂漆相匹配，在低温或自然环境下能较快干燥，适应手工修补涂装 |
| 配套性与成本 | 选择面漆时除了考虑涂料的保护性、装饰性外，还必须考虑与下面涂层的配套性问题，使用不同的涂层及涂料组合来确保油漆质量最佳化、生产成本最小化 |

## 二、任务实施

**引导问题 5** 修复汽车漆面前需要做哪些准备工作？

1. 工具设备的准备

漆面修复工作主要用到的工具设备有喷漆房、空气压缩机、空气分配管道、油水过滤器、刮刀、干磨机、喷枪、喷涂支架、调漆比例尺、风枪、毛刷等。

2. 主要材料的准备

漆面修复主要用到的材料有腻子、中涂底漆、面漆及配套固化剂、稀释剂、过滤网、粘尘布、擦拭布、除油剂等。

3. 劳保防护措施

漆面修复用到的劳保用品有工作服、护目镜、安全鞋、手套、防尘口罩、防毒面罩等。

**引导问题 6** 怎样进行漆前表面处理工作？

漆前表面处理工作一般包括清洁除油、除锈、除旧漆，打磨羽状边，腻子的施工、贴护，以及中涂底漆的施工等。其中，清洁除油、除锈、除旧漆及打磨羽状边等操作在前面任务中已有介绍。这里从腻子施工开始讲解。

1. 腻子的施工

(1) 调制腻子。

① 检查需要覆盖的面积及变形程度,确定腻子的用量。

② 用钢尺或搅拌杆将腻子搅拌均匀(图2-7-2),对于装在软管中的固化剂可以采用挤压的方法使其混合均匀(图2-7-3)。

③ 打开电子秤,将调灰盘平放在电子秤的托盘上,然后将电子秤清零(图2-7-4)。根据估计的量用刮刀挑出腻子,将其置于调灰盘上,按产品说明上的混合比加入适量的固化剂(图2-7-5)。

图2-7-2 搅拌腻子　　　图2-7-3 挤压腻子固化剂

 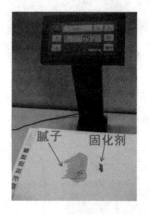

图2-7-4 电子秤清零　　　图2-7-5 称量腻子及固化剂

④ 用刮刀挑起固化剂,调和腻子,直至混合均匀,如图2-7-6和图2-7-7所示。

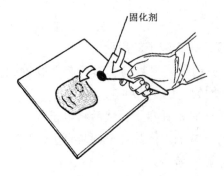

图 2-7-6 挑起固化剂　　　　　图 2-7-7 调和腻子

（2）刮涂腻子。

① 第一层刮涂。此层刮涂的目的是让腻子与底层充分地结合，如图 2-7-8 和图 2-7-9 所示。

图 2-7-8 第一层填充腻子　　　　图 2-7-9 第一层压实薄刮层

② 第二层刮涂。此层刮涂的目的是填平变形部位，如图 2-7-10 和图 2-7-11 所示。

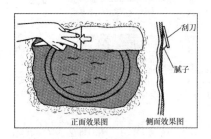
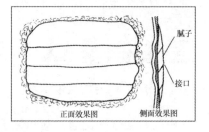

图 2-7-10 第二层填充腻子　　　图 2-7-11 第二层最终刮涂效果

③ 第三层刮涂。此层刮涂的目的是收光腻子表面，填充砂孔及刮痕。腻子刮涂较厚时，表面针孔及刮痕会比较多，表面比较粗糙，收光之后不仅可以得到更细腻的腻子表面，而且更容易打磨，如图 2-7-12 所示。

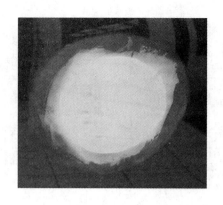

图 2-7-12　第三层收光表面效果

（3）腻子的打磨。

由于刮涂完的腻子比较高，表面比较粗糙，所以需要将腻子打磨至与基准面一般高。只有将表面打磨平整光滑，才能进行后续涂层的涂装。腻子完全固化干燥后，即可进行打磨工作。打磨腻子时可以采用机械干磨与手工干磨的方法进行。由于腻子有很强的吸水性，所以绝对禁止采用水磨。一般腻子的打磨方法如下：

① 将碳粉均匀涂抹到腻子上（图2-7-13），将P80号砂纸装到7 mm双作用干磨机或轨道式干磨机上，在腻子范围内进行交叉粗磨，一般打磨至平整度的六七成即可，如图2-7-14所示。

图 2-7-13　涂抹碳粉指示层

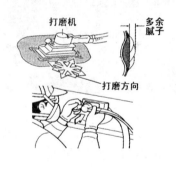

图 2-7-14　粗磨

② 涂抹碳粉指示层（图2-7-15），依次将P120和P180号砂纸装到手磨垫块上进行中等程度的打磨。此时打磨至平整度的九成左右即可。打磨过程中一边用手触摸，以确认表面状况，一边仔细打磨，防止打磨过度或打磨变形，如图2-7-16所示。

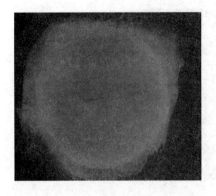 

图2-7-15　涂抹碳粉指示层　　　　图2-7-16　中磨腻子

③ 涂抹碳粉，将P240号砂纸装到手磨垫块上，对腻子及腻子边缘的地方进行平整打磨，直至彻底打磨平整。腻子边缘部位要求平滑无阶梯，如图2-7-17所示。

④ 选用P320号砂纸及5 mm双作用打磨机，从腻子边缘至周边15 cm的区域打磨，为喷涂中涂底漆做准备（图2-7-18）。难以打磨的位置可以使用海绵砂纸或擦拭布进行打磨。

图2-7-17　精磨腻子　　　　图2-7-18　腻子周围打磨的范围

⑤ 使用风枪把腻子里面及工件表面的灰尘吹干净，再对腻子周围进行除油。

（4）修整腻子。

腻子在打磨后一般呈现多孔状态。如果孔较大，则需要重新填补腻子；如果孔较小或是较细的划痕，则可以刮涂细滑腻子（填眼灰）进行填补，如图2-7-19和图2-7-20所示。

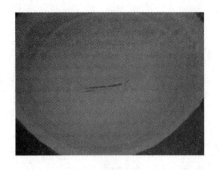 

图 2-7-19　腻子上面的小缺陷　　图 2-7-20　刮涂细滑腻子的效果

## 2. 遮蔽

在进行中涂底漆施工前,对不需要喷涂的部位都要用遮蔽纸进行遮蔽保护,具体操作如下:

(1) 用风枪及干净的擦拭布将工件清洁干净。

(2) 按照反向遮蔽的方法将工件贴护好(图2-7-21)。

遮蔽时遮蔽纸的边沿不能太靠近腻子范围,既要避免喷涂时产生台阶,又要确保中涂底漆能将打磨腻子时产生的粗划痕盖住(图2-7-22)。

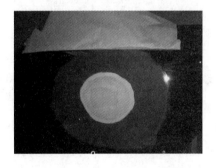 

图 2-7-21　反向遮蔽　　　　　图 2-7-22　遮蔽的范围

(3) 对需要喷漆的腻子周围部位进行除油处理(图2-7-23)。

图 2-7-23　清洁除油

3. 中涂底漆的施工

(1) 调配中涂底漆。

① 查看产品技术说明，确定调配方法。

② 按照产品技术说明上所给的比例，用调漆比例尺添加适量的中涂底漆、固化剂及稀释剂（图 2-7-24），然后用搅拌尺对添加好的涂料进行彻底搅拌。

③ 根据涂料特点和产品技术说明，选择合适口径的底漆喷枪，再用过滤网将调配好的涂料过滤到喷枪里，如图 2-7-25 所示。

图 2-7-24　按比例添加中涂底漆、固化剂及稀释剂

图 2-7-25　过滤涂料

(2) 喷涂中涂底漆。

在喷涂时，一般选择 3 层：

① 第一层喷涂：为了提高涂层的亲和力，避免产生不良反应，先将腻子与旧涂层结合部位雾喷一层，如图 2-7-26 所示。

② 第二层喷涂：等第一层充分闪干，涂层没有出现不良反应之后，再将整个腻子及腻子周围的区域薄喷一层，至半光泽状态即可，如图 2-7-27 所示。

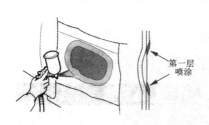

图 2-7-26　第一层中涂底漆喷涂

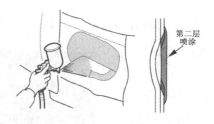

图 2-7-27　第二层中涂底漆喷涂

③ 第三层喷涂：等第二层涂料充分闪干，涂层没有出现不良反应之后，扩大喷涂范围，将整个损伤区域正常湿喷一层，如图 2-7-28 所示。

3 层喷涂完之后，一般情况下可以达到涂层所需要的厚度。如果检查之后，发现厚度不够或上面还有很多细小的针孔及划痕等，还可以在第三层的基础上再湿喷 1~2 层。确保整个中涂底漆喷涂完之后，涂层饱满、光滑、均匀、平整，没有大的缺陷，边缘平滑等，如图 2-7-29 所示。

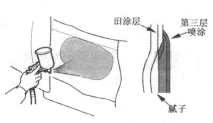

图 2-7-28 第三层中涂底漆喷涂

图 2-7-29 中涂底漆喷涂的最终效果

（3）打磨中涂底漆。

由于中涂底漆一般有较好的封闭性，能防止水分子渗透，所以中涂底漆既可干磨，也可湿磨。下面以干磨为例进行说明：

① 穿戴好劳保用品，在中涂底漆上面涂碳粉指示层，使用手工打磨块配合 P320 号砂纸将刮涂细滑腻子的地方打磨平整。

② 涂指示层，使用手工打磨块配合 P360 号砂纸将中涂底漆不平整的地方打磨平整。

③ 涂指示层，使用 5 mm 双作用打磨机配合 P400 号砂纸磨光中涂底漆，并同时将中涂底漆边缘磨薄。注意：尽量不要磨穿中涂底漆，否则就达不到封闭及填充的效果。

④ 使用 3 mm 双作用打磨机配合 P400 或 P500 砂纸打磨中涂底漆及其周围需要喷涂面漆的部位（图 2-7-30）。周围的旧漆涂层如果状况较好，一般只需要打磨到没有光泽、没有橘皮，变得平整光滑即可。尽量不要磨穿旧漆层，否则容易出现咬底、起皱等情况。对于工件边缘或机械不好打磨的位置，应该采用手工打磨的方法彻底打磨，最后清洁表面，如图 2-7-31 所示。

图 2-7-30 机械打磨中涂底漆

图 2-7-31 清洁表面

**引导问题 7　怎样进行面漆涂装及处理工作？**

根据施工工艺不同，汽车面漆涂装的工艺流程一般分为两种：单工序和双工序。至于三工序涂装，与双工序涂装大致相似，施工时可以参照双工序的涂装工艺流程。

1. 单工序面漆的涂装

（1）单工序面漆的准备。

现在常用的汽车单工序面漆一般使用双组分涂料，如双组分的丙烯酸聚氨酯涂料。它的调配方法如下：

穿戴好劳保防护用品，用搅拌尺将之前调好颜色的涂料搅拌均匀，按照喷涂的面积所需要的量，将涂料倒入合适的容器或量杯中，查看产品技术说明，按照厂家所给的比例添加适量的固化剂、稀释剂，如图 2-7-32 所示。

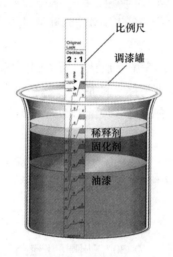

图 2-7-32　涂料比例

虽然都属于双组分丙烯酸聚氨酯类涂料，可是不同厂家或同一厂家生产的不同型号的产品，其比例都会不一样，所以，在使用具体产品前，一定要查看产品手册，以免出错而影响最终的涂膜质量或造成浪费。

（2）单工序面漆的喷涂。

面漆的喷涂根据涂料的特点、喷涂面积大小等因素，喷涂方法各有不同。一般的面漆喷涂方法建议如下：

① 穿戴好劳保防护用品。

② 连接进气管，并调整好喷枪。

调整喷枪时主要是调整油漆的出漆量、喷涂幅度及喷涂压力。在调整油漆出漆量和喷涂幅度时，一般建议将旋钮开到最大。调整喷涂压力时，传统喷枪喷涂压力一般在 0.35～0.5 MPa，而环保喷枪喷涂压力一般在 0.2～0.25 MPa。关于具体的参数，还应该参考具体涂料的产品说明进行调整。

③ 在喷涂试板上做雾形测试,调整喷枪,确保喷枪雾形及雾化达到最好效果。

④ 喷涂面漆。

第一遍预喷涂。在工件表面从上往下雾喷薄薄的一层。此次喷涂一定不能过厚,只要达到均匀的薄薄一层,有轻微的光泽即可(图2-7-33)。

雾喷的目的,一是提高涂料与旧涂膜的亲和力;二是确认有无排斥的现象,防止出现鱼眼、咬底或渗色等涂膜毛病。

第一遍雾喷后,仔细检查涂层。如果漆膜出现了轻微的鱼眼,则可以等其稍干之后再在鱼眼部位薄薄地雾喷一两遍,以盖住鱼眼。如果鱼眼较严重,面积较大,或出现咬底、渗色等,就必须等涂层彻底干燥之后再进行相应的处理。如果漆膜没有出现毛病,则可以静置3~5分钟后再喷涂第二遍。

第二遍喷涂。将工件按照先内后外、先边后面、先上后下的顺序正常喷涂一层(图2-7-34)。

图2-7-33 第一遍预喷涂　　　　图2-7-34 第二遍喷涂

此次喷涂的目的是要基本形成厚度一致,颜色均匀,表面平整、光滑的漆膜层,所以要求涂层达到一定的厚度,既不能太厚,也不能太薄。太厚容易流挂,而太薄可能影响遮盖力和最终的漆膜厚度。如果是面漆遮盖力比较差的涂料,正常喷涂第二道之后还有明显没有盖住底层的情况,就应该在静置5~10分钟后,再重新喷涂第二遍,确保在此次喷涂时基本上盖住底层。

喷涂过程中除了要注意喷涂的基本操作要领之外,还应该做到边喷边观察,依成膜的效果,适当调整喷枪。

喷涂车门表面时建议按照如图2-7-35所示的顺序喷涂。

第二遍喷涂后,漆膜还比较湿润,同时涂料中还存有很多等待挥发的溶剂,所以后一涂层不能马上施工,而应该静置片刻。静置时间视环境温度、涂料品种和厚度等各有不同。如我们此次使用的产品建议的静置时间为图2-7-36圆圈部位所示。

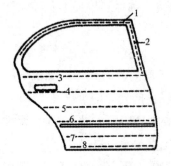

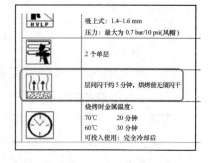

图2-7-35 车门正面的喷涂顺序　　　图2-7-36 涂层静置时间

在实际施工时，我们一般会用手指触摸的方法检查涂料的干燥情况。如用手指轻轻触摸车门上不重要的位置或车门边缘的胶带。若湿漆膜已不沾手，则可喷涂第三层。

第三遍喷涂。按照第二遍的喷涂顺序及喷涂方法正常喷涂一层。

此层喷涂的目的是达到最终的面漆装饰效果（图2-7-37），如涂膜厚度均匀、丰满，纹理平整、光滑，颜色一致，光泽度高，无流痕，无明显缺陷等。

图2-7-37 第三遍喷涂

为了达到更细腻、光滑的效果，在喷涂之前可以适当地将涂料黏度调稀一点，将压力调高一点。

最后一遍喷涂完后应该马上检查整个涂面的效果。如果存在橘皮较重、漆膜不均匀或漏喷等现象，还可以马上进行回喷补救。

2. 双工序面漆的涂装

（1）双工序面漆的调配。

双工序涂层是由底色漆层和罩光清漆层组成的。双工序涂料的调配包含底色漆的调配和罩光清漆的调配两个方面。

① 底色漆的调配。

a. 穿戴好劳保用品。

b. 将之前调好颜色的涂料用搅拌尺搅拌均匀。

c. 按照喷涂的面积所需要的量，将涂料倒入合适的容器或量杯中。

d. 按照具体产品的比例添加合适量的稀释剂。

双工序涂层中的底色漆使用的是单组分产品，在施工时直接添加合适量的稀释剂，调整好黏度就可以了。不同品牌及同一品牌不同型号的涂料添加的稀释剂比例有所不同，在施工时要查看具体产品的技术说明。在选择稀释剂时要根据施工温度及面积选择合适的型号产品。

e. 对添加好的涂料进行彻底搅拌。

f. 根据涂料特点和产品技术说明，选择合适口径的面漆喷枪。

g. 用过滤网将调配好的涂料过滤到喷枪里。

② 罩光清漆的调配。

罩光清漆一般使用的也是双组分丙烯酸聚氨酯类型的涂料，所以它的调配方法和单工序双组分涂料的调配方法相同。详细步骤请参考单工序双组分涂料的调配。

在调配时需要注意每种产品都有配套的固化剂及稀释剂，在不确定的情况下，最好不要混用。固化剂与稀释剂要根据施工工艺、施工温度及具体条件来选用。

（2）双工序面漆喷涂。

双工序面漆在喷涂时分为两部分：一部分是底色漆的喷涂；另一部分是罩光清漆的喷涂。

① 底色漆的喷涂。

a. 穿戴好劳保防护用品。

b. 连接进气管，并调整好喷枪。具体的调整参数应参考具体涂料的产品说明进行调整。

c. 在喷涂试板上做雾形测试，调整喷枪，确保喷枪雾形及雾化达到最好效果。

将工件上面有中涂底漆的地方、面漆磨穿的地方，以及颜色与面漆颜色不一致的地方，薄薄地雾喷一次。此层喷涂的目的是：一是防止出现咬底，提高亲和力；二是提高遮盖能力。

d. 第一遍整个工件喷涂。

此次喷涂是将整个工件表面薄薄地、均匀地雾喷一层，提高新喷涂料与旧漆层的亲和力，同时确认有无排斥涂料的部位。然后按涂料技术说明静置几分钟，等涂层没有光泽之后就可喷涂下一层。

对于底材比较好的工件，如固化较好的旧漆层，以及整块喷涂过封闭底漆的表面，也可以不用雾喷而直接进入下一步的喷涂工作中。

e. 第二遍整个工件喷涂。

按照合适的喷涂顺序将工件正常均匀地湿喷一遍。喷完后要求涂层要足够湿润，但是也不能太厚，因为底色漆里面的溶剂含量较多，如果太厚，涂料容易流淌，形成色差及流挂；如果太薄，涂层表面容易变粗糙，影响色漆纹理及颜色效果。

第二遍喷涂完之后，也要静置合适的时间，等漆膜表面没有光泽之后再检查漆膜的遮盖效果。如果没有盖住底材，则应该按照第二遍的方法再将工件整个喷涂 1~2 遍，直至彻底盖住底层。

f. 第三遍喷涂。

按照适当的顺序再将工件均匀地雾喷一遍，但是此层喷涂的目的是消除纹痕，所以要保证涂层干燥之后形成颜色、纹理一致的效果。

第三遍，也就是最后一遍喷涂完成后，等涂层表面完全失光，即完成底色漆的喷涂。

② 罩光清漆的喷涂。

罩光清漆是喷涂在最后一层的面漆，主要用于保护底色漆、银粉漆、珍珠漆等，可以提高漆膜的光泽度，使车体显出饱满、艳丽的色泽。罩光清漆的喷涂手法与单工序面漆基本相同。它的喷涂方法如下：

a. 调整好喷枪，确保雾化效果及雾形最好。

b. 用粘尘布轻轻擦拭底色漆，除掉浮在表面的漆尘。

c. 按照合适的顺序及正常喷涂的方法喷涂第一遍清漆层。

d. 静置合适的时间，待表面不粘手之后，适当调高喷涂压力，喷涂第二遍清漆层。

喷涂清漆时一般喷涂两遍即可。喷涂完后也要达到最终的面漆效果，如漆膜厚度均匀丰满、纹理平整光滑、颜色一致、光泽度高、无流痕、无明显缺陷等。

# 三、知识与能力拓展

**引导问题 8** 涂料一般由哪几种成分组成，各成分的作用是什么？

所谓涂料，是指涂布于物体的表面，能够形成具有保护、装饰或其他特殊性能的连续固态漆膜的一类液体或固体材料的总称。已经固化的漆膜被称为涂膜。

涂料是由不同物质混合而成的（表 2-7-2）。根据各组成物质的性质不同，涂料可以分为成膜物质、颜料、溶剂及辅助材料 4 种。它们在涂料中的作用如表2-7-3所示。

表2-7-2 涂料的组成

| 序号 | 基本组成 | | | 内容 |
|---|---|---|---|---|
| 1 | 主要成膜物质 | 油料 | 动物油 | 鲨鱼肝油、带鱼油、牛油等 |
| | | | 植物油 干性油 | 桐油、亚麻油、苏子油等 |
| | | | 植物油 半干性油 | 豆油、向日葵油、棉籽油等 |
| | | | 植物油 不干性油 | 蓖麻油、椰子油、花生油等 |
| | | 树脂 | 天然树脂 | 松香、虫胶、沥青等 |
| | | | 人造树脂 | 松香衍生物、纤维衍生物、橡胶 |
| | | | 合成树脂 | 酚醛、聚氨酯、丙烯酸、环氧、醇酸等 |
| 2 | 颜料 | | 体制颜料 | 硫酸钡、碳酸钙、硫酸镁、石英粉、氧化镁等 |
| | | | 着色颜料 无机 | 钛白、炭黑、铅铬黄、铁红、铁蓝、铬绿等 |
| | | | 着色颜料 有机 | 苯胺黑、甲苯胺红、酞菁蓝、孔雀石绿等 |
| | | | 防锈颜料 | 锌粉、红丹、磷酸锌、氧化铁红、含铅氧化锌等 |
| 3 | 溶剂 | | | 水、松节油、烃类溶剂、醇类溶剂、酯类溶剂、酮类溶剂、醚类溶剂等 |
| 4 | 辅助材料 | | | 固化剂、催干剂、增塑剂、哑光剂、流平剂等 |

表2-7-3 涂料各组成成分的作用

| 涂料基本组成成分 | 主要作用 |
|---|---|
| 成膜物质 | 它是涂料的基础，能使涂料牢固地附着于被涂工件表面，形成连续的固态涂膜，是涂料组成中不可缺少的物质。涂料的基本性能是由所选用的成膜物质自身的特性决定的，如涂料的光泽、硬度、弹性、耐久性、附着力等。它在涂料中起到保护和装饰的作用 |
| 颜料 | 它在涂料中能赋予涂料一定的色彩和耐久性，起美观装饰作用，同时也可以使涂料具有一定的遮盖力，改变涂料光泽，改善涂料的流动性和某些涂装性能，有的颜料还有防锈作用等 |
| 溶剂 | 它是涂料的重要组成部分，起着辅助成膜的作用。它能溶解或稀释成膜物质，改善或改变涂料的某些性能，满足涂料在制造和施工过程中的某些要求，具有挥发性，在涂装和成膜过程中会挥发，留下的不挥发成分形成坚硬的涂膜 |

| 涂料基本组成成分 | 主要作用 |
|---|---|
| 辅助材料 | 它又称添加剂或助剂,根据所起的作用不同,有很多种类。它在涂料中一般用量很少,但所起的作用很大,能使涂料的某些性能发生显著变化,在涂料制造、储存、施工中起着重要的作用 |

**引导问题9　汽车原厂漆与汽车修补漆有什么不同?**

尽管都是用在汽车上,看上去颜色也是一样的,性能也差不多,但原厂漆与修补漆还是大有不同的。首先,在原材料上二者选用的原则不同。原厂漆适用于流水线的高温烘烤。在修补的时候用原厂漆喷涂,由于达不到交联成膜的温度,油漆是干不了的。其次,原厂漆要求涂层的厚度达到质量标准,而汽车在修补过程中一般没人用测厚仪检查,包括汽车车身塑料件喷漆工艺和选用的材料也不同。再次,两者在工艺上大有不同。汽车修补漆难以达到原厂涂装的工艺要求。所以,二者不能随意互用。即使汽车在原厂涂装线上修补,一般也不会用原厂漆,而是用汽车修补漆。它们的不同具体表现如下:

1. 涂层结构不同

汽车生产厂家涂层工艺为钢板—磷化膜—电泳漆—中涂漆—色漆—清漆,而汽车维修厂或4S站涂层工艺为钣金基材—原子灰—中涂底漆—修补色漆—清漆。

2. 汽车修补涂层厚度不同

汽车原厂漆有严格的涂膜厚度测量标准,而修补时一般不测量修补漆膜的厚度。

3. 烘烤温度不同

(1) 汽车原厂漆面漆采用高温漆。其烘烤温度一般在130℃以上。

(2) 汽车修补漆多采用自然干燥或低温烘烤漆。它的烘烤温度在50℃~80℃或自然干燥。

## 四、评价与反馈

(1) 对本学习任务进行评价,如表2-7-4所示。

**表 2-7-4 漆面修复操作考核评价表**

| 考核项目 | 评分标准 | 分数 | 学生自评 | 小组互评 | 教师评价 | 备注 |
|---|---|---|---|---|---|---|
| 团队意识 | 是否能相互协助<br>是否能顾全大局 | 10 | | | | |
| 工作态度 | 是否积极、认真、负责 | 10 | | | | |
| 现场 5S | 是否在整个工作过程中贯穿 5S | 10 | | | | |
| 方案设计 | 是否能结合具体的条件、环境进行合理的设计 | 10 | | | | |
| 操作过程 | 工具、设备、材料的准备是否充分<br>腻子的施工、遮蔽，以及中涂底漆、单工序面漆、双工序面漆的施工是否规范 | 35 | | | | |
| 操作结果 | 质量是否符合要求 | 5 | | | | |
| 安全规范 | 有无违规或危险的操作 | 10 | | | | |
| 知识与能力拓展 | 是否具有自学与发展能力 | 10 | | | | |
| 总分 | | | | | | |
| 教师签名 | | | | | | |

（2）在实施作业时，你还遇到了哪些方面的问题，如何提高操作技能？

# 项目三　汽车内表美容

## 任务一　清洁汽车发动机室

**任务目标**

(1) 了解汽车发动机室清洗的重要性；
(2) 了解汽车发动机室清洗的方法；
(3) 正确使用、维护相关的工具和设备；
(4) 汽车发动机室清洗养护工作符合安全规范。

**任务描述**

杜先生在做汽车常规保养时，看到发动机室特别脏，有很多灰尘、油污、泥浆等（图3-1-1），于是将汽车开到汽车美容店，想对发动机室进行清洗养护。你作为汽车美容店的技术人员，请根据杜先生的汽车发动机室的情况，进行符合安全规范的汽车发动机室清洗养护工作（图3-1-2）。

图3-1-1　发动机室清洗养护前效果

图3-1-2　发动机室清洗养护后效果

## 一、资料收集

**引导问题1**　汽车发动机室的清洁养护有什么意义？

汽车上安装发动机的空间被称为发动机室。发动机是汽车的核心部件。发动机性能直接影响汽车的使用。绝大部分轿车的发动机室设在车辆的前部,打开发动机罩就能看到。作为汽车的动力源,发动机历来被广大驾驶员、车主和维修人员关注。

为了具备良好的通风及冷却效果,发动机室并没有与外界完全隔绝,因此外界的泥沙、水分及油污就成为发动机室最大的污染来源。这些污染源会造成如下问题:

(1)电路、油路等塑胶线材表面缺少专业的养护,导致过早老化和龟裂。发动机室常年高温,如果机箱中的电线、油管老化、龟裂,造成包裹电线的橡胶层断裂,与机油接触,或者电线碰到高温的机器,就有可能产生火花,造成车辆自燃(图3-1-3)。

图3-1-3 电路、油路老化引发的车辆自燃

(2)发动机表面的油污。发动机表面的油污受热,形成油气,会和灰尘混合在一起,时间一长就会形成油泥(图3-1-4),如果得不到及时有效的处理,就会阻碍铝合金外壳的有效散热,同时会造成发动机功率下降,油耗增大,更严重的还会导致安全事故。

图3-1-4 发动机油污

(3)电池连接头金属件部分容易上锈、腐蚀。汽车发动机平时处于封闭、潮湿和高温的环境中。在这种环境下电池连接头是最容易发霉或接触不良的(图3-1-5)。

(4)发动机舱堆积杂物。如果经常将汽车停在树底下,在前机盖和前风挡之间会积存一些树叶之类的杂物,如果掉入高温的机舱,就很容易燃烧(图3-1-6),带来严重的安全隐患。

图 3-1-5　电池金属接头　　　图 3-1-6　发动机舱杂物引燃车辆

**引导问题 2**　清洁汽车发动机的方法有哪几种？

发动机室的清洁，一般应由专业人员进行。常用的方法有溶剂清洗法、高压清洗机清洗法、高压空气清洗法、手工清洗法等。一般几种方法可以同时使用。

无论采用何种方法进行清洗，都必须先将发动机关闭，等发动机室内温度下降到常温后再进行清洗。

## 二、任务实施

**引导问题 3**　清洗养护汽车发动机室前需要做哪些准备工作？

1. 工具、设备的准备

发动机室清洁养护需要使用的工具有高压水枪、风枪等。

2. 主要材料的准备

（1）发动机外部清洁剂（图 3-1-7）。

发动机外部清洁剂是一种用于去除发动机外部、变速箱和传动部件油脂、尘垢、污垢和其他污染物的清洁剂。

（2）汽车线路保护剂（图 3-1-8）。

汽车线路保护剂可以在汽车外部线路形成一层特殊绝缘保护膜，迅速去除电路系统的泥沙、污垢和水分，清洁电路触点，防止氧化，养护整个电路系统。将保护剂喷射在发动机外部电路系统的相关部位，能清除并预防因受潮、氧化、漏电引起的电路系统故障。

图 3-1-7　发动机外部清洁剂　　　图 3-1-8　汽车线路保护剂

3. 其他材料

还需要用到的其他材料有毛巾、毛刷、塑料胶袋等。

**引导问题 4** 怎样进行汽车发动机室的清洁养护工作？

1. 施工前检查

起动发动机，检查发动机运转是否正常（图 3-1-9）；关闭发动机，打开发动机盖，检查发动机室各部件是否完整，有无损伤（图 3-1-10）。

图 3-1-9 检查发动机

图 3-1-10 检查发动机室

2. 遮蔽

在左、右前翼子板上使用护垫（图 3-1-11），避免在操作时不慎将翼子板擦伤。然后使用塑料胶袋和干毛巾将发动机室内的发电机、继电器、点火器、保险盒、ECU 行车电脑等电子电器遮蔽起来，以免进水。

3. 发动机室表面灰尘清理

用风枪将发动机室内的灰尘吹掉，特别是吹掉电子器件接头部位难以清洗又不能沾水的地方的灰尘（图 3-1-12）。

图 3-1-11 遮蔽车身

图 3-1-12 吹尘

4. 发动机盖内侧清洁

对于隔热棉部分，将多功能清洁剂喷涂于其表面，用毛巾擦拭，用风枪吹干，直到完全清洁；对于钢板部分，用高压水枪冲洗，并用毛巾擦拭（图 3-1-13）；对于橡胶条缝隙处，可用毛刷进行清洁（图 3-1-14）。

图3-1-13 清洗发动机盖内侧

图3-1-14 清洁发动机盖缝隙

**5. 发动机室初步清洁**

用高压水枪冲洗发动机舱各处，按从上到下，从四周到中间的顺序将发动机室侧面及发动机外表的附着污物冲净，尤其要把发动机室边缘、散热器部位、底部挡板等部位冲净（图3-1-15）；但不可冲洗电子电器等部件。

图3-1-15 初步冲洗

**6. 发动机室深度清洁**

直接将发动机外部清洁剂均匀喷涂于淋湿后的发动机及发动机室周边（图3-1-16），用毛刷或毛巾清洗发动机室内所能触及的所有部件（图3-1-17），然后用高压水枪快速冲刷掉污物，直至将发动机外表清洗干净（图3-1-18），再将冲洗干净的发动机用半湿的毛巾擦干，并用风枪将手不易触及的地方吹干（图3-1-19），必要时可再用水枪冲洗。

提示：喷涂发动机外部清洁剂后要稍等片刻，等材料充分溶解后再开始刷洗、清洁。

图3-1-16 向发动机外部喷涂清洁剂

图3-1-17 擦洗发动机室

图 3-1-18　快速冲洗发动机室　　　图 3-1-19　擦干发动机室

7. 发动机室吹干

用风枪吹干发动机室各部件水分，尤其是电子电器部件及插头处的水渍（图 3-1-20），并对空气滤清器进行检查并吹尘（图 3-1-21）。

图 3-1-20　吹干发动机室　　　　图 3-1-21　清洁空气滤清器

8. 发动机室养护

将汽车线路保护剂摇匀后，均匀地喷涂在发动机室塑料件及重要线路表面（图 3-1-22），然后使用干毛巾擦拭干净或自然干燥（图 3-1-23），会形成一层保护膜，并且使汽车发动机室恢复原有光泽。

图 3-1-22　向汽车线路喷涂保护剂　　　图 3-1-23　擦拭发动机室

9. 检查发动机室

施工完后，对发动机室进行检查，确保发动机表面干净、整洁，光亮如新；发动机盖内侧清洁、干净；发动机底部无泥、无砂；发动机运转正常。

在清洁养护汽车发动机室时应注意以下几点：

（1）发动机电脑、继电器、发电机、分电器、线束接口等电子电器部位必须做好防护。

（2）对于发动机中央部位不可以直接使用高压水枪冲洗，而对于边缘部位可适度冲洗。

（3）清洁干净后必须使用风枪把所有缝隙和电子电器、线束接头的部位吹干。

## 三、知识与能力拓展

**引导问题5** 汽车空气滤清器有什么作用？

汽车空气滤清器能有效减少污染物通过采暖通风和空调系统进入汽车，防止吸入对身体有害的污染物。

汽车空气滤清器是主要负责清除空气中的微粒杂质的装置。活塞式机械工作时，如果吸入空气中含有的灰尘等杂质，则会加剧零件的磨损，所以必须装有空气滤清器。空气滤清器由滤芯和壳体两部分组成。空气滤清器的主要要求是滤清效率高，流动阻力低，能较长时间连续使用而无须保养。

汽车发动机是非常精密的机件，极小的杂质都会损伤发动机。因此，空气在进入气缸之前，只有先经过空气滤清器过滤，才能进入气缸。空气滤清器状态的好坏关系着发动机寿命的长短。如果汽车行驶中使用过脏的空气滤清器，会使发动机进气不足，使燃油燃烧不完全，导致发动机工作不稳定，动力下降，耗油量增加。因此，必须保持空气滤清器的清洁。

## 四、评价与反馈

（1）对本学习任务进行评价，如表3-1-1所示。

表3-1-1 发动机室的清洁养护操作考核评价表

| 考核项目 | 评分标准 | 分数 | 学生自评 | 小组互评 | 教师评价 | 备注 |
| --- | --- | --- | --- | --- | --- | --- |
| 团队意识 | 是否能相互协助<br>是否能顾全大局 | 10 | | | | |
| 工作态度 | 是否积极、认真、负责 | 10 | | | | |
| 现场5S | 是否在整个工作过程中贯穿5S | 10 | | | | |
| 方案设计 | 是否能结合具体的条件、环境进行合理的设计 | 10 | | | | |
| 操作过程 | 工具、设备、材料的准备是否充分<br>发动机室的清洁、养护是否规范 | 35 | | | | |

续表

| 考核项目 | 评分标准 | 分数 | 学生自评 | 小组互评 | 教师评价 | 备注 |
|---|---|---|---|---|---|---|
| 操作结果 | 质量是否符合要求 | 5 | | | | |
| 安全规范 | 有无违规或危险的操作 | 10 | | | | |
| 知识与能力拓展 | 是否具有自学与发展能力 | 10 | | | | |
| 总分 | | | | | | |
| 教师签名 | | | | | | |

（2）在实施作业时，你还遇到了哪些方面的问题，如何提高操作技能？

# 任务二　清洁汽车内室

任务目标

（1）了解汽车内室清洁养护的作用；
（2）掌握汽车内室清洁养护的基本方法；
（3）正确使用、维护相关的工具和设备；
（4）汽车内室清洁养护工作符合安全规范。

任务描述

杜先生对自己的汽车爱护有加，经常进行清洗、打蜡、封釉等保养，可是使用一段时间后，他发现汽车内室的部位脏了以后很难清洁干净（图3-2-1），于是将汽车开到汽车美容店进行内室清洁养护。你作为汽车美容店的技术人员，请根据杜先生的汽车内室情况，进行符合安全规范的汽车内室清洁养护工作（图3-2-2）。

图3-2-1　清洗养护前的内室效果

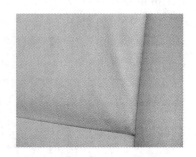
图3-2-2　清洗养护后的内室效果

# 一、资料收集

**引导问题1** 汽车内室包括哪两部分？汽车内室美容有什么作用？

汽车内室包括驾驶室和乘客室。它是驾驶员和乘客在行驶途中的生活空间。对汽车内室进行装饰，营造温馨、美观的车内环境，可使司乘人员乘坐舒适，心情愉快。

**引导问题2** 汽车内室需要美容的部位有哪些？

汽车内室需要美容的部位主要有顶棚、内壁、车门内侧、地毯、座椅、控制台、转向盘、挡位区、后备厢等。

**引导问题3** 汽车内室清洁养护的基本方法有哪些？

汽车内室清洁的基本方法有：

（1）掸。用除尘掸掸去内壁及物品上的浮灰。

（2）擦。用干净毛巾擦去控制台及其他部位的灰尘。

（3）吸。用吸尘器吸去地毯、座椅内壁及后备厢中的灰尘。

（4）洗。定期对座椅罩、地毯、脚垫、安全带等部位进行清洗。

# 二、任务实施

**引导问题4** 对汽车内室进行清洁养护前需要做哪些准备工作？

1. 工具、设备的准备

（1）吸尘器。

吸尘器是一种能将灰尘、脏污及碎屑吸集起来的电器设备。它是对汽车内室进行日常清洁所需的主要设备。汽车内室虽然空间小，但结构复杂，不便于清洁。采用吸尘器可方便地将内壁、地毯、座椅及缝隙中的浮尘和脏物吸除干净，并且不会使灰尘飞扬。吸尘器有很多种，但常见的车用吸尘器主要有便携型吸尘器和专业型吸尘器两种。

① 便携型吸尘器。便携型吸尘器具有噪声低、体积小、重量轻、外形美观、携带方便等特点，通过电压转换器便可利用汽车电源使用，主要用于汽车内室吸尘，如图3-2-3所示。

图3-2-3 便携型吸尘器

② 专业型吸尘器。专业型吸尘器一般为吸尘吸水机，如图 3-2-4 所示。它集吸尘、吸水于一体，配有适于内室结构的专用吸嘴，操作简单，吸力大，并可与内室蒸汽清洗机配套使用。

（2）蒸汽清洗机。

蒸汽清洗机是一种通过高温蒸汽对汽车内室进行清洗的设备，可对丝绒、化纤、塑料、皮革等不同材料进行清洗。该设备不仅具有较强的去污功能，而且具有杀菌消毒的作用，可以清除顽固的污渍、油渍，消灭细菌、螨虫、微生物及病原体，特别是对带有异味的污垢有很强的清洗作用，能使皮革恢复弹性，使丝绒、化纤还原至原有光泽，如图 3-2-5 所示。

图 3-2-4　专业型吸尘器　　　　图 3-2-5　蒸汽清洗机

（3）其他工具设备。

还需要用到的其他设备有高压水枪等。

2. 主要材料的准备

（1）多功能泡沫清洁剂。

多功能泡沫清洁剂采用泡沫配方，具有强大的去污能力，可以有效清洁人造皮、丝绒、纤维、塑料以及电镀等制品表面的污渍，使顶棚、内壁、控制台、座椅、地毯等内饰表面光洁如新，如图 3-2-6 所示。

（2）表板蜡。

表板蜡主要用于汽车的仪表盘、真皮座椅、人造皮革内饰的去污、上光。在使用前应将表板蜡充分摇晃均匀，如图 3-2-7 所示。

图 3-2-6　多功能泡沫清洁剂　　　　图 3-2-7　表板蜡

(3) 真皮滋润霜。

真皮滋润霜不会对真皮产生任何腐蚀等副作用。它是根据真皮毛孔的特性,通过其特有的渗透功能,用可可油、维生素 E、胶原蛋白、胆固醇、貂皮油等营养素对真皮进行天然的养护、滋润,最大限度地延长真皮的使用寿命,如图 3-2-8 所示。

真皮滋润霜的作用如下:

① 清洁:真皮滋润霜含柔和型清洁剂(pH 中性),可以有效除垢、去油,但不伤害真皮。

② 保护:真皮滋润霜含抗"UV"(紫外线)元素,可以有效防止紫外线对真皮造成的氧化和老化。

③ 滋润:真皮滋润霜通过"渗透"进入真皮内层,改善真皮内部组织,从而使真皮长久保持其柔软性、细腻性、新鲜感及弹性。长期使用真皮滋润霜,可以有效防止真皮皱裂。

(4) 皮革上光保护剂。

皮革上光保护剂是专门针对真皮座椅以及皮革内饰所使用的,**渗透性强**,深层养护效果好,同时具备出色的上光效果,如图 3-2-9 所示。

图 3-2-8 真皮滋润霜

图 3-2-9 皮革上光保护剂

(5) 其他材料。

还需要用到的其他材料有毛巾、毛刷、无纺布等。

**引导问题 5** 怎样进行汽车内室的清洁养护工作?

汽车内室的清洗护理是一项系统而细致的护理作业,一定要遵循规范的操作程序。其基本步骤主要包括室内除尘,内饰的清洁与养护,内室的净化等。

1. 室内除尘

除尘是汽车室内清洗护理的第一步。汽车内饰最忌受潮。潮湿会使内饰发霉、变质,并散发难闻的气味。因此,室内除尘应避免采用水洗的方法。

专业的车内清洁步骤是:

(1) 首先将车内的脚踏垫和杂物取出,抖去尘粒,倒掉烟灰。

（2）对于汽车内的刹车踏板等部件，可以用小牙刷或沾有清洗剂的抹布进行刷洗。特别要注意的是离合器踏板、刹车踏板、油门踏板部分，要认真清扫，特别要清除上面的油脂类污垢。这对开车时防滑有很大好处。

（3）用真空吸尘机细致地进行吸尘（图3-2-10）。应遵循从高到低的原则，首先进行顶棚的除尘，然后依次是仪表板、座椅、车门内侧及后备厢。地板的吸尘要分两次操作。第一次吸掉沙砾。第二次更换带刷子的吸头，边刷边吸，主要吸掉灰尘。要特别注意地板拐角部位的尘垢，必要时应反复吸除，直至干净为止。

2. 汽车内室蒸汽预洗

汽车内室蒸汽预洗也称全车桑拿。其目的是在内室清洗前增加污物的活性，使之在清洁时容易从载体上分离。具体方法是在蒸汽清洗机中放入适量清水，对车内除顶棚和仪表板外的部位（包括后备厢）进行蒸汽预洗，同时也可去除车内的异味（图3-2-11）。

图3-2-10　除尘

图3-2-11　蒸汽预洗

3. 顶棚的清洁与护理

顶棚多由毛料或纤维绒布制成，因其位置特殊，黏附的油污不多。主要是由于车顶棚绒布具有吸附性，故其主要污染是吸附烟雾、粉尘及人体头部的油脂。这些污物如果得不到及时的清除，在空气中水汽的作用下便黏附在顶棚上，难以清除。清除时，难以使用机器，只能人工操作。方法是将多功能泡沫清洁剂喷到污垢处（图3-2-12），稍停片刻，用干的洁净毛巾将顶篷中的丝绒清洁剂吸出，再从污迹边缘向中心进行擦拭。污垢严重时可多次重复以上操作。处理干净后用另一块干净的毛巾顺着车顶的绒毛方向抹平（图3-2-13）。

注意：对于化纤织物，不能使用碱性较强的洗衣粉或清洁剂。这是因为这些碱性物质在清洁过程结束后，仍有一部分残留在织物内部，而这部分碱性物质极易使化纤织物变黄、腐蚀。因此，选用泡沫清洁剂一定要慎重。在没有把握的情况下，最好先在车室隐蔽部位进行试用，确认不会使纤维变色或变质后，再进行大面积使用。车顶棚内的填充物隔热吸音，吸收水分的能力强，故清洁时一定要将抹布弄干一些，否则湿抹布会使清洗剂浸湿车顶材料，以至于很难干燥。

 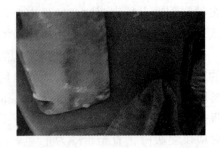

图3-2-12　将清洁剂喷涂于顶棚部位　　　图3-2-13　用毛巾擦拭顶棚

4. 仪表板等塑胶件的清洁护理

仪表板与置物箱大多为塑胶制品，外表存在较多细条纹。其上沾染的成分简单，多为灰尘，容易清除。清洁方法一般是先用湿毛巾擦拭（图3-2-14），再使用表板蜡上光处理（图3-2-15）。只需轻轻擦拭，清洁、上光便一次完成，即可得到一个干净、光亮的表面。

图3-2-14　毛巾擦拭仪表板　　　图3-2-15　喷涂表板蜡

如果个别部位积垢太多，无法清除时，可以喷涂多功能泡沫清洁剂（图3-2-16），然后用毛刷刷除（图3-2-17）或用湿毛巾擦拭（图3-2-18）。对于空调出风口这样影响人体健康的部位应着重清洗（图3-2-19），再用沾有清水的毛巾擦拭，最后用麂皮吸去其上的水分。仪表板清洁工作完成后可喷涂一层皮革上光保护剂，稍后再用干毛巾或无纺布擦拭，即能起到很好的上光和保护作用。

图3-2-16　喷涂清洁剂于仪表板上　　　图3-2-17　用毛刷刷洗仪表板

图 3-2-18　用毛巾擦洗仪表板　　　　图 3-2-19　清洗出风口

方向盘多用酚醛树脂、ABS 工程塑料制造而成，有些还附有人造革软化层，容易沾染油脂、汗渍，积聚各种污垢，应用清洁剂清洁。如果方向盘外面包有外套，则先将外套拆下单独处理。方向盘外套的材料多为橡胶或橡塑件，可以用清洁剂清洗，再用清水冲洗，最后喷涂保护剂和光亮剂。

注意：使用清洁剂擦拭仪表板部位时，动作要轻柔，避免划伤仪表盘。

5. 座椅的清洁护理

座椅的使用频率极高，粘有大量的人体汗渍、油渍和细菌，是车内清洁的重点。座椅的清洁护理应根据座椅的材质来确定。座椅一般有两种材质：一种是化纤织物；另一种是人造革或真皮制品。下面以人造革或真皮制品座椅为例进行清洁护理介绍。

人造革、真皮座椅的共同特点是其表面都有许多细纹。这些细纹内极易吸附脏物，采用一般方法很难去除干净。用湿毛巾擦拭后，看起来似乎很干净，但其上积聚的油污等是无法擦掉的。人造革和真皮也不可用水清洗，否则不但影响美观，而且会产生裂纹而影响使用寿命。人造革、真皮座椅的清洁护理方法如下：

（1）将多功能泡沫清洁剂摇匀后，均匀地喷涂于座椅，如图 3-2-20 所示。

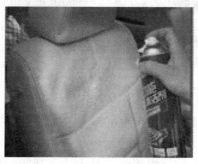

图 3-2-20　将清洁剂喷涂于座椅上

(2) 喷涂完后,对于较脏的座椅,建议用软毛刷进行刷洗(图3-2-21),然后用毛巾擦干;对于不太脏的座椅可直接用毛巾擦拭干净(图3-2-22)。

图3-2-21 用毛刷刷洗座椅　　　　图3-2-22 用毛巾擦拭座椅

(3) 将真皮润湿霜喷涂在座椅上(图3-2-23),然后用海绵将其均匀涂在座椅表面上(图3-2-24),晾1~2分钟后,再用柔软毛巾擦干即可。

图3-2-23 往座椅上喷涂真皮润湿霜　　　　图3-2-24 用海绵涂匀

(4) 最后将皮革上光保护剂喷在打蜡海绵上(图3-2-25),像打蜡一样,将其均匀涂在座椅表面上,5~10分钟后再用干毛巾擦干(图3-2-26)或自然晾干,作为最后的上光处理。

 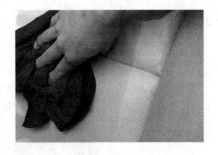

图3-2-25 喷涂皮革上光保护剂　　　　图3-2-26 用毛巾擦干座椅

注意:清洁完座椅后喷涂真皮润湿霜和上光保护剂是非常必要的。这是因为树脂型保护剂能在座椅的表面形成一层保护膜,可以免受污垢的直接侵蚀,并有耐磨、抗紫外线损害、易清洁等功效。保护剂对皮革还有防止龟裂的作用。喷涂光亮剂后能使座椅表面更加亮丽。

如果座椅上装有座位套和头枕套,则应将其取下,并用高效多功能洗衣机清洗。当整车美容和护理作业完成时,座椅套和头枕套的清洗和烘干工作也结束了。

6. 地毯和踏脚垫的清洁

(1) 地毯和踏脚垫多由纤维织物制作而成。对于不可拆卸的地毯的清洁护理,首先使用吸尘器对地毯进行全面除尘(图3-2-27),然后对于粘有油渍等顽固污渍部位采用专门清洁剂进行处理,再将多功能泡沫清洁剂均匀喷涂在地毯上(图3-2-28),用毛巾擦拭(图3-2-29),最后再用吸尘器进行清理。

图3-2-27 地毯除尘

图3-2-28 往地毯上喷涂清洁剂

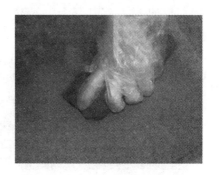

图3-2-29 用毛巾擦拭地毯

(2) 对于可拆卸的地毯或踏脚垫的清洁。将其取下后先用敲击法弹掉附着在其上的沙砾、碎屑(图3-2-30),然后风枪吹落灰尘。如果地毯很脏,去掉灰尘后,喷涂多功能泡沫清洁剂(图3-2-31),用毛巾进行擦洗(图3-2-32),并且用清水冲洗干净(图3-2-33),再将它们折叠起来,放入专用脱水机内脱水后放回车内便可。

图3-2-30 除尘

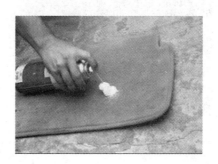

图3-2-31 喷清洁剂

图 3-2-32 用毛巾擦拭

图 3-2-33 用水枪冲洗

**7. 其他内室件的清洁养护**

清洁养护后备厢、门内饰板、安全带等的操作方法和清洁养护座椅、地毯等的方法基本类似，所不同的是看其自身的材料再采取相应的方法。车门内饰板的清洁养护方法为：喷涂多功能泡沫清洁剂（图 3-2-34）—擦洗（图 3-2-35）—喷涂皮革上光保护剂（图 3-2-36）。

图 3-2-34 喷涂清洁剂

图 3-2-35 擦洗

**8. 内室净化处理**

汽车内室各部位清洗工作完成后，应再用蒸汽清洗机对内室进行高温杀菌消毒，然后向内室喷洒除臭剂，净化车内空气，如图 3-2-37 所示。

图 3-2-36 喷涂皮革上光保护剂

图 3-2-37 蒸汽消毒

## 三、知识与能力拓展

**引导问题6　怎样处理汽车内室的顽固污渍？**

汽车内饰件常见顽固污渍的清除方法如下：

（1）霉。内饰件受污染未及时清洁导致霉变，对此进行清除时可用热肥皂水清洗霉点，用冷水漂洗干净，再浸泡在盐水中，然后用专用清洁剂清洗、擦干。

（2）口香糖。清除口香糖时可用冰块使其硬化，然后用钝刀片刮掉，最后用清洁剂清洁、擦干即可。

（3）焦油。可先用冷水彻底刷洗，如难以去除干净，再用去除焦油的专用清洁剂浸润一段时间，然后擦拭干净即可。

（4）黄油、机油等。用专用的油污去除剂，从污渍周边向中心清洗。当污渍已经被洗掉时，用毛巾擦干。

## 四、评价与反馈

（1）对本学习任务进行评价，如表3-2-1所示。

表3-2-1　汽车内室的清洁养护操作考核评价表

| 考核项目 | 评分标准 | 分数 | 学生自评 | 小组互评 | 教师评价 | 备注 |
|---|---|---|---|---|---|---|
| 团队意识 | 是否能相互协助<br>是否能顾全大局 | 10 | | | | |
| 工作态度 | 是否积极、认真、负责 | 10 | | | | |
| 现场5S | 是否在整个工作过程中贯穿5S | 10 | | | | |
| 方案设计 | 是否能结合具体的条件、环境进行合理的设计 | 10 | | | | |
| 操作过程 | 工具、设备、材料的准备是否充分<br>室内除尘，内饰的清洁与养护，以及内室净化是否符合规范 | 35 | | | | |
| 操作结果 | 质量是否符合要求 | 5 | | | | |
| 安全规范 | 有无违规或危险的操作 | 10 | | | | |
| 知识与能力拓展 | 是否具有自学与发展能力 | 10 | | | | |
| 总分 | | | | | | |
| 教师签名 | | | | | | |

（2）在实施作业时，你还遇到了哪些方面的问题，如何提高操作技能？

# 任务三　汽车室内消毒

**任务目标**

（1）了解汽车内室污染的来源；
（2）了解车内空气污染对人体的危害；
（3）正确使用、维护相关的工具和设备；
（4）汽车内室消毒的处理工作符合安全规范。

**任务描述**

经过内室美容后，杜先生的汽车焕然一新，里外都很干净、漂亮。在汽车美容店工作人员的建议下，杜先生又同意做汽车内室消毒项目。你作为汽车美容店的技术人员，请根据杜先生的要求，进行符合安全规范的汽车内室消毒工作。

## 一、资料收集

**引导问题1　什么是车内污染？汽车内室污染的来源有哪些？**

车内污染是指汽车内室挥发性污染物超出正常指标。目前国家还没有出台汽车内室空气质量检测的标准，主要参照居民室内空气质量检测标准得出数据，并提供对比指标供车主参考。居民室内挥发性有机物正常指标一般应在 0.5 mg/m³ 以内。车内的挥发性有机物一般是指甲醛、苯等高浓度挥发性有机物。

汽车内室污染的来源有如下几个：

1. 汽车材料

现在我国家庭汽车的市场需求使很多汽车下了生产线就直接进入市场，各种配件和材料的有害气体和气味没有释放期。安装在车内的塑料件、地毯、车顶毡、座椅等如果不严格按照环保要求制造，则会直接造成车内的空气污染。

2. 装饰材料

在进行汽车车内装饰时，一些含有有害物质的装饰材料，如地胶、坐套垫、胶粘剂等随之进入车内。这些装饰材料中含有有毒气体，主要包括苯、甲醛、丙酮、二甲苯等。这些有毒气体必然会造成空气的污染。专家认为：内部装饰豪华的轿车更容易产生污染，且其内部装饰选用的真皮、桃木、电镀、金属、油漆、工程塑材等材料如果处理不当，就会释放出有害物质。

3. 发动机

如车厢密封不好，发动机通过排气管、曲轴箱、燃油蒸发等途径排放的碳氢化合物、一氧化碳、氮氧化物、苯、烯烃、芳香烃等污染物会窜入车厢，使空气质量下降。此污染以车厢内置式发动机尤为突出。

4. 交通污染

在行驶过程中，汽车排放的尾气、灰尘等污染物进入车内造成车内污染。污染物主要有碳氢化合物、一氧化碳、二氧化碳、氮氧化物、颗粒物等。

5. 空调风口

当空调开始工作时，空气中的湿气会集中到空调出风口的附件上，加之这部分区域不容易干燥，每次开空调时都会积聚一些水分，久而久之便成为霉菌繁殖的温床。往往一开空调，异味便遍布车内每个角落。另外，空调蒸发器若长时间得不到清洁护理，就会在其内部附着大量的污垢，所产生的胺、烟碱、细菌等有害物质会在车内狭小的空间里弥漫，导致车内空气质量差，甚至缺氧。

6. 霉变污染

在高温潮湿的夏季，由于车内棉麻制品吸湿，若不及时晾晒干燥，会造成霉菌滋生，产生霉变污染。

7. 人体自身

随着车辆使用时间的增长，人体自身带来的体味、汗味、灰尘以及残留在车内的香烟味等必然使车内空气恶化。由于车内空间较小，便容易造成污染。

**引导问题2　车内空气污染对人体有哪些危害？**

在车内污染物中以甲醛、苯和总挥发性有机化合物（TVOC）对人体的危害最为严重。

1. 甲醛对人体的危害

甲醛是一种无色易溶的刺激性气体，令人容易感觉到刺眼、刺鼻。甲醛主要来自于车椅座套、坐垫，车顶内衬等材料上的阻燃剂，以及装饰材料中的胶粘剂、油漆等。

长期接触低剂量甲醛可以引起慢性呼吸道疾病、女性月经紊乱、妊娠综合征，引起新生儿体质降低、染色体异常，甚至引起鼻咽癌。高浓度的甲醛对神经系统、免疫系统、肝脏等都有损害。甲醛还有致畸、致癌作用。据流行病学调查，长期接触甲醛的人，可引起鼻腔、口腔、鼻咽、咽喉、皮肤和消化道的癌症。

2. 苯对人体的危害

苯为无色透明挥发性液体，具有强烈芳香的气体，易挥发为蒸气，易燃，有毒。车内的苯主要来自胶粘剂、漆料的溶剂、合成橡胶、人造革等材料，同时油漆、橡胶、皮革与合成树脂中也含有甲苯和二甲苯。

苯会危害人的造血功能，可致贫血、感染、皮下出血等。长期低浓度暴露会伤害听力，导致头痛，乏力，面色苍白，视力减退及平衡功能失调。皮肤反复接触，会导致红肿，起水泡。苯对人体有致癌作用，还会影响生殖系统等。

与饮水污染、食物污染不同，苯污染对人体的危害具有长期性和差异性的特点。苯污染具有很长的潜伏期，既可能三五年毫无征兆，也可能很快发病。此外，人的免疫力有很大差异，同样在有污染的环境中工作，有人敏感，有人茫然不觉，有人很快中毒。

3. TVOC对人体的危害

"TVOC"是总挥发性有机化合物的简称。挥发性有机物常用"VOC"表示。它是"Volatility Organic Compound"的缩写，但有时也用总挥发性有机物"TVOC"来表示。

车内的TVOC主要来自于油漆、胶粘剂、隔热隔音材料、装饰材料、地毯等。

TVOC能引起人体免疫功能失调，影响中枢神经系统功能，出现头晕、头痛、嗜睡、无力、胸闷等症状；还可以影响消化系统的正常功能，出现食欲不振、恶心等症状，严重时会损伤肝脏和造血功能，出现变态反应等。

**引导问题3** 如何治理车内空气污染？

1. 治理源头

（1）汽车生产厂家应选用环保材料制造车辆内饰件。新车应有一定的污染释放期，确保进入销售市场的车辆能够达到环保要求。

（2）加强汽车装饰市场的管理，禁止销售、安装可产生空气污染的装饰品及施工材料。

（3）国家应尽快制定、颁布相关标准，对车内进行环保检测，不合格的新车不允许出厂并且及时采取措施。

2. 积极预防

为避免在汽车内受到有害气体的危害，车主应采取以下预防措施：

(1) 购买新车后,应当像新装修住房那样,尽可能地保持车内、外空气的对流,以便尽早让车内的有害气体挥发、释放干净。

(2) 进入车内后,应尽快打开车窗或开启外循环通风设施,引进新鲜空气,不能在封闭车窗、车门状况下长时间行车,更不能在封闭的车内睡觉或长时间休息。

(3) 在开启空调和暖风时,使用车内、外空气交流模式,尽量避免长时间使用车内自循环模式。另外,要定期清洗车内空调,尽量保持车内空气新鲜。

(4) 尽量选择开阔、空气流动大的线路行车。

(5) 根据车外空气状况,及时调整车内空调循环系统。在遇到堵车或跟随尾气排放可能超标的车辆行驶时,应当把空调、暖风开关暂时调到车内自循环模式,开窗行驶的车辆应暂时关闭车窗。

3. 杀菌消毒

车内杀菌消毒的方法主要有臭氧消毒、负离子消毒、光触媒消毒、碳制品(活性炭及竹炭等)消毒、化学消毒等。

## 二、任务实施

**引导问题4　给汽车内室消毒前需要做哪些准备工作?**

1. 工具、设备的准备

(1) 专业臭氧消毒设备。

常用的专业臭氧消毒设备是汽车快速杀菌消毒器,如图3-3-1所示。

消毒的原理:在通电后,消毒器将空气(氧气)激活后产生气体等离子体,经激发、电离、分解、复合生产臭氧,利用臭氧极强的氧化、催化和分解作用快速杀菌。

(2) 其他工具设备。

还需要使用的其他工具、设备有空气压缩机、喷枪等。

2. 主要材料的准备

(1) 光触媒(图3-3-2)。

触媒又称催化剂。光触媒是一种以纳米级二氧化钛为代表的,具有光催化功能的光半导体材料的总称,是当前国际上治理室内环境污染、杀菌的最理想材料。在光的照射下,光触媒会产生类似光合作用的光催化反应,产生氧化能力极强的自由氢氧基和活性氧,具有很强的光氧化还原功能,可氧化分解各种有机化合物和部分无机物,能破坏细菌的细胞膜,固化病毒的蛋白质,可杀死细菌,分解有机污染物,把有机污染物分解成无污染的水和二氧化碳,因而具有极强的抗菌、除臭、防霉,防污自洁,净化空气和水的功能。

（2）其他材料。

还需要使用的其他材料有毛巾等。

图3-3-1 汽车快速杀菌消毒器

图3-3-2 光触媒

**引导问题5 怎样进行臭氧消毒工作？**

臭氧是一种强氧化剂，杀菌广谱，灭菌迅速，对空气及水中的细菌、病毒及微生物都有很好的杀灭作用。多余的臭氧可以自行分解成氧，无有害残留物质产生。

臭氧发生器是利用臭氧的强氧化性，对车内的有害气体进行氧化分解处理。有害气体通常包括甲醛、甲苯等。这些气体的化学物质较为稳定。一般的化学清新剂很难达到这个效果。

臭氧消毒是采用一个能迅速产生大量臭氧的汽车专用消毒机来进行消毒的。臭氧是一种广泛的、高效的快速杀菌剂。它可以杀灭使人和动物致病的多种病菌、病毒及微生物。臭氧还可以通过氧化反应去除车内的有毒气体，如CO、NO等。由于利用臭氧消毒杀菌不残存任何有害物质，故不会对汽车造成第二次污染。这是因为臭氧杀菌消毒后很快就分解成氧气，而氧气对人体是有益无害的。

臭氧消毒法操作起来比较简单：将一根连接着汽车专用消毒机的胶管伸入车厢内（图3-3-3），打开汽车专用消毒机和车内空调，利用空调的空气循环（图3-3-4），将汽车专用消毒机产生的高浓度臭氧送到车内的每个角落，只需几分钟就可以。虽然消毒时间很短，但消灭病菌最彻底。消毒后车厢里会留有一点臭氧味道，不过由于臭氧可以很快分解为无色无味的氧气，所以只需将车窗打开一会儿，臭氧味就会消失。

图 3-3-3 臭氧消毒

图 3-3-4 空气循环

### 引导问题6　怎样进行光触媒消毒工作？

专业的光触媒消毒流程大致分为以下4步。

1. 清洁喷涂区域

将需要喷涂的表面打扫干净，同时遮蔽不需要喷涂的区域，如图3-3-5所示。

2. 喷涂

（1）自喷型车用光触媒。如图3-3-6所示，将光触媒充分摇匀，然后将其喷涂于喷涂区域。喷涂的最佳距离为30~40 cm。

图 3-3-5 清洁

图 3-3-6 自喷型光触媒喷涂

（2）施工型车用光触媒。将摇晃均匀的光触媒倒入喷枪壶，接入气管并调试好，然后对准喷涂部位进行喷涂，如图3-3-7所示。喷涂距离保持在30~40 cm。光触媒的用量以100 mL喷涂10 $m^2$为最佳。

3. 光能激活

使用紫外线灯照射15~30分钟（根据污染程度调整照射时间激活光触媒）。

4. 净化通风

最后打开车门通风，如图3-3-8所示。

图 3-3-7　喷涂光触媒　　　　　　图 3-3-8　通风

## 三、知识与能力拓展

**引导问题 7　碳制品是怎样消毒的？**

碳制品是一种具有发达的空隙结构、很大的比表面积，以及超强的吸附能力，可起到专门除臭、杀菌、防霉、吸潮、防虫、防蛀，以及净化空气等作用。此产品使用起来非常简单，只要撕开外包装，然后按照说明书的要求放置在车内合适位置即可（图 3-3-9）。

图 3-3-9　碳制品消毒

**引导问题 8　车内化学消毒有什么特点？**

化学消毒主要是通过喷洒、擦拭消毒剂，通过化学反应的方式达到杀菌消毒目的的一种操作工艺。这种杀毒方法的优点就是杀毒彻底、迅速，简单易行；缺点也相当明显，即"后遗症"较多，同时对汽车部件也有一定程度的损害。

## 四、评价与反馈

（1）对本学习任务进行评价，如表 3-3-1 所示。

表 3-3-1　汽车内室的清洁养护操作考核评价表

| 考核项目 | 评分标准 | 分数 | 学生自评 | 小组互评 | 教师评价 | 备注 |
|---|---|---|---|---|---|---|
| 团队意识 | 是否能相互协助 是否能顾全大局 | 10 | | | | |
| 工作态度 | 是否积极、认真、负责 | 10 | | | | |
| 现场 5S | 是否在整个工作过程中贯穿 5S | 10 | | | | |
| 方案设计 | 是否能结合具体的条件、环境进行合理的设计 | 10 | | | | |
| 操作过程 | 工具、设备、材料的准备是否充分 臭氧、光触媒消毒是否符合规范 | 35 | | | | |
| 操作结果 | 质量是否符合要求 | 5 | | | | |
| 安全规范 | 有无违规或危险的操作 | 10 | | | | |
| 知识与能力拓展 | 是否具有自学与发展能力 | 10 | | | | |
| 总分 | | | | | | |
| 教师签名 | | | | | | |

（2）在实施作业时，你还遇到了哪些方面的问题，如何提高操作技能？

# 第二篇

## 汽车装饰篇

# 项目四　汽车外装饰

## 任务一　汽车车身贴膜

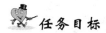**任务目标**

(1) 了解汽车装饰的常见项目；
(2) 了解汽车车身面漆装饰的目的及方法；
(3) 正确使用、维护相关的工具和设备；
(4) 汽车车身贴膜装饰工作符合安全规范。

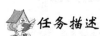**任务描述**

时尚的王先生刚刚买了一辆黑色的宝马汽车（图4-1-1）。开了几天后，他想将自己的汽车车身换一种颜色，于是来汽车美容店给汽车车身贴膜。你作为汽车美容店的技术人员，应根据客户的需求，进行符合安全规范的汽车车身贴膜装饰工作（图4-1-2）。

图4-1-1　贴膜前

图4-1-2　贴膜后

## 一、资料收集

**引导问题1　什么是汽车装饰？汽车装饰有哪些常见的项目？**

汽车装饰，是指通过增加一些附属的物品，提高汽车表面和内饰的美观性。所增加的附属物品被称为装饰品。

汽车装饰大体上可以分为汽车外装饰和汽车内装饰两部分，所包括的项目如图 4-1-3 所示。

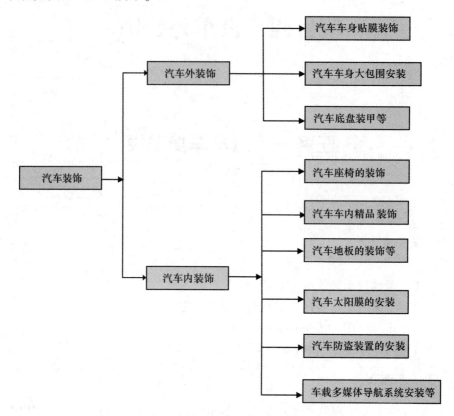

图 4-1-3　汽车装饰的分类及项目

**引导问题 2　汽车车身面漆装饰的目的是什么？**

1. 延长使用寿命

汽车漆膜喷涂的作用主要是防止车身腐蚀，延长使用寿命。

2. 提高装饰性和商品价值

汽车不仅应具有必要的使用功能，而且可以是一件艺术品，在车身造型和装饰上体现出深厚的艺术内涵。车身的艺术品位和装饰品位越高，越能激起人们的购车欲望。特别是目前市场竞争激烈，汽车商家通过提高产品的装饰性能，达到提高商品价值的目的，成为市场竞争的一个亮点。

**引导问题 3　汽车车身面漆装饰可选择的方法有哪些？**

汽车面漆装饰大致有以下两种方法：

1. 汽车车身面漆的喷涂装饰

汽车车身面漆喷涂装饰一般是指漏板喷涂法。所谓漏板喷涂法是指事先将需要的文字或图案用薄纸板或薄铁板划成漏板，把漏板紧贴在车身表面上，可用喷枪或喷笔进行喷涂，使漆雾穿过有缝隙的漏板喷射到车身表面,形成需要的文字或图案。

2. 汽车车身面漆的粘贴装饰

按粘贴在汽车车身上的材料,汽车车身面漆的粘贴装饰可分为汽车车身贴纸(简称贴纸或贴花)和汽车车身贴膜(又称车身贴膜)两种方法。

车身贴纸(图4-1-4)是一种特殊的纸张,分为雕刻型和印刷型。其中,雕刻反光材质最好,不粘漆,价格最高。印刷型的贴纸容易粘漆,易脱落,价格低很多。汽车贴纸正逐渐成为最为简便的改装方式。人们日渐采用个性化的文字、图案尽情张扬自己,也为冷冰冰的车增添一丝温情,使它日益成为时尚潮流。由于车身贴纸要在户外使用,要求能够防晒、防雨,因此通常使用的材料是PVC(聚氯乙烯)或者PET(一种聚合物)。

车身贴膜(图4-1-5)是通过高分子聚合材料贴附于车漆表面,达到保护原漆、装饰车身的目的,并可随时揭下来。汽车车身贴膜是专为汽车车身贴膜而设计的高性能、低黏度的聚氯乙烯薄膜,具有充分贴合车身漆面及内饰各种基材表面的属性,具备便于施工,柔韧性、耐久性、抗化学腐蚀性、不透光性更强等诸多优点。可有效保证施工过程中面对曲折车身表面时进行准确、无缝隙、无气泡贴覆,不仅不会对车漆造成损害,相反,还会充分保护车辆的原漆。

图4-1-4 贴纸

图4-1-5 贴膜

**引导问题4** 汽车车身贴膜的种类有哪些?汽车车身贴膜具有哪些作用?

1. 车身贴膜的种类

车身贴膜的种类繁多。下面介绍几种比较常用的车身贴膜:

(1)电镀膜。这种车身贴膜会使汽车有一种非常炫目的视觉效果,目前已经成为最潮流的车身贴膜。当然昂贵的价格也使得这种贴膜成为超级跑车的最爱。不过,如此炫目的外观并不是每个人都可以接受的,如图4-1-6所示。

(2)珠光膜。这是一种类似于在哑光漆表面覆盖一层金属漆亮点的车身贴膜。与夺目的电镀贴膜相比,珠光贴膜看上去更为柔和,呈现出一丝高贵的味道,如图4-1-7所示。

图 4-1-6　电镀膜　　　　　　　　图 4-1-7　珠光膜

(3) 亚光膜。这是大家比较熟悉的一种车身贴膜。随着贴膜的普及，国内道路上可以见到各种颜色亚光贴膜的车辆。乌黑的亚光贴膜让车身呈现出一种厚重敦实的感觉。经典的亚光黑是最为热销的颜色。与电镀膜相比，亚光膜的价格比较实惠，但缺点是比较容易形成划痕，如图 4-1-8 所示。

(4) DIY 膜。这是一种随意设计，具有完全个性化风格的车身贴膜。对于一些年轻时尚的潮人来说，简单的色彩搭配已经不能满足他们的需求了，自己设计的 DIY 贴膜成为他们的首选。只要为改装店提供想要的图案，就可以对爱车进行彻头彻尾的装饰。亮光还是亚光，随意选择，如图 4-1-9 所示。

图 4-1-8　亚光膜　　　　　　　　图 4-1-9　DIY 膜

(5) 变色龙贴膜。这是一种在不同光线角度下呈现出不同色彩效果的车身贴膜。整体效果神秘且高贵，当然价格也相当贵，如图 4-1-10 所示。

(6) 除了上述车身贴膜外，像质感十足的金属拉丝膜（图 4-1-11），极具个性的仿鳄鱼皮/蛇皮（图 4-1-12），以及仿碳纤维车身贴膜（图 4-1-13）、透明膜等都是不错的选择。

图 4-1-10　变色龙贴膜　　　　　　图 4-1-11　金属拉丝膜

图 4-1-12 仿皮膜　　　　　　　　图 4-1-13 仿碳纤维膜

2. 汽车车身贴膜的作用

（1）不破坏原车车漆，反而对原车车漆起保护作用。车身贴膜可以保护原车面漆的装饰。只要不喜欢了，随时可以撕掉，撕掉后可还原成原来的面漆效果。

（2）可以长期保护原车车漆，免除封釉、镀膜等费用，节约美容成本。贴过膜的车辆不用抛光、打蜡、封釉、镀膜，日常养护只需要洗车就可以。因此，贴膜的车辆可以节约美容成本。

（3）更换自己喜爱的颜色，打造个性化汽车。一般原厂车漆单调，可选颜色较少，而汽车贴膜有很多颜色可选，另外可以任意搭配组合，甚至通过打印写真个性化图案，车身贴膜达到了随心所欲的程度，车身颜色想怎么变就怎么变。在追求时尚、崇尚个性自由的今天，车主已不再仅仅是追求车辆的性能和舒适，车身贴膜已经成为车主追求的一种时尚。

（4）耐化学物质腐蚀及酸雨、虫尸、鸟粪、树脂等的侵蚀。贴膜为高分子聚合材料，可以有效防止弱酸、弱碱、弱盐的腐蚀。

（5）阻隔日晒，降低自然危害。防止紫外线对漆面的直接损伤，防止冰雪、树枝刮伤，以及钥匙痕迹、太阳纹、凹痕和石屑痕迹等。

（6）旧车车面翻新。旧车翻新不仅可以使用传统的喷漆方式，同时，车身贴膜更有希望替代喷漆成为一种潮流。全车贴膜改色一般需要 2~3 天，而喷漆则需要 5~7 天。整车喷漆需要拆卸全车钣金面，容易造成零件丢失或损坏。特别是一次性的塑料件，若被损坏了，则要重新配。喷漆的过程会造成环境的污染，而贴膜材料、施工都不会造成环境的破坏。更重要的是越来越多的车主不希望对自己的爱车进行拆卸，车身贴膜成为车主的首选。

## 二、任务实施

**引导问题 5** 装饰汽车面漆前需要做哪些准备工作？

1. 工具、设备的准备

（1）热风枪（图 4-1-14）。

热风枪主要起到对车身膜加热定型的作用。热风枪的温度通常在

60℃~600℃，可以进行调节，一般将温度设置在400℃。

（2）裁膜刀（图4-1-15）。

裁膜刀主要用于裁掉贴在汽车车身周边多余的车膜。注意：不要划伤车漆。

图4-1-14　热风枪　　　　　　图4-1-15　裁膜刀

（3）其他工具。

需要用到的其他工具有直板刮板（图4-1-16）、三角刮板（图4-1-17）、剪刀、直尺、喷壶等。

图4-1-16　直板刮板　　　　　图4-1-17　三角刮板

2. 主要材料的准备

（1）车身膜。

根据客户的要求应准备亚光膜（橙色）和碳纤维膜（黑色）。

（2）其他材料。

需要用到的其他材料有清洗剂、除油剂等。

**引导问题6　怎样进行汽车车身贴膜工作？**

1. 清洁

首先是对汽车漆面进行清理，保持漆面平滑，冲洗掉车身上的泥沙、灰尘等。

2. 除油

贴膜前对全车进行除油。用清洁剂（禁止使用含有水蜡的药剂）溶解污泥、油渍、虫尸、胶质、鸟粪、柏油等重度污渍，并着重做好边角及部件组合处的清洁，然后用除油剂擦拭漆面，去除漆孔内残留的蜡脂、油脂，使漆面光滑，无颗粒杂质；若漆面氧化严重，划痕较多，则对车漆进行抛光翻新，确保贴膜达到最佳效果。

3. 拆卸

拆卸车表装饰件（如图 4-1-18 所示），包括引擎盖喷水嘴，车牌架，门把手，前、后大灯，前、后杠等部件。注意：应将拆下的部件放置在固定区域并铺垫毛巾，避免部件磕碰。

4. 量尺裁膜

按照车身贴膜技术施工的顺序，用软皮尺测量车辆相关部件尺寸，再根据部件尺寸裁剪车膜。车膜裁剪尺寸要大于车辆测量尺寸 10 cm 左右，以方便施工及边缝处理。

5. 背纸剥离

去除保护背纸时不要触摸到有胶粘剂的一面。粘贴前，只需拿住膜角边缘，且只能拉保护背纸，不能拉膜面，防止用力过度而导致膜面变形；也可先揭开一半保护背纸，粘贴一部分后再揭另一部分保护背纸。

6. 定位贴膜

两人配合拉伸车膜，平覆粘贴部位，注意力度要均匀，不要产生褶痕。两人将膜平覆粘贴部位后，用刮板将膜面定位。定位点一般选择正中间位置，然后用刮板沿定位点左右呈直线刮平，形成定位基线。基线定位有利于下一步处理弧面及凹凸面，降低贴膜难度，如图 4-1-19 所示。用刮板沿定位基线垂直刮平膜面，开始时要轻轻刮，然后逐渐用力，直至膜与漆面完全服帖，无气泡，无起翘。

图 4-1-18 拆卸

图 4-1-19 定位

7. 用热风枪烘烤车膜

若车膜出现皱，则利用热风枪烤膜，让膜的延展度更好，这样可使车膜恢复如初，如图 4-1-20 所示。烘烤时，一人适度用力拉直车膜，待车膜软化几秒后，再用刮板沿基线垂直往复刮平。若粘贴部位为弧面或凹凸面，则先用热风枪烘烤车膜，再用手指将其压进去，如图 4-1-21 所示。

图4-1-20 用热风枪烤皱折的膜

图4-1-21 弧面贴膜

8. 裁边

将粘贴部位刮展平整后，用裁膜刀沿部件边缘轮廓精细切割，如图4-1-22所示。在切割边缘时须多出2 mm左右，用于边缘密封。注意切割时要用力均匀，确保齐整，无锯齿，且避免划伤膜面，如图4-1-23所示。

图4-1-22 裁边

图4-1-23 修齐

9. 边缘固封

在边缘部位用包裹除尘布的刮板将多出的车膜压进缝隙，反向固定，再用热风枪微烤压实，确保边缝不起翘。若边缘有胶条，则可用刮板直接将车膜塞进胶条内，固定密封。

10. 贴保险杠

对于拆卸下来的前、后杠，可以分开施工。同样，需要注意的是，收边以及裁膜需要细心、谨慎，如图4-1-24所示。

11. 质检验收

对贴完膜后的车辆应进行质量验收。检查气泡、划痕、凸点、边缘密封等是否达到验收标准。若不符合验收标准，则须做返工处理。

12. 膜面清洁保养

将车膜完全贴好后，用干净无尘布蘸专用清洗剂擦拭车表，去除贴膜施工留下的手印、污痕、脏点等污渍。若车膜为亮光膜，则可涂专用车膜保护液；若为哑光膜，则应选用相应的保护液，如图4-1-25所示。

图4-1-24 贴保险杠　　　　　图4-1-25 清洁保养

给车身贴膜时应注意以下几点：

（1）干式安装尽量少用清水。喷水可以减少气泡产生，但会残留在缝隙及膜内，不易刮出，用水部位边角需等待20分钟后再密封处理。

（2）刮平过程中，膜与漆面始终保持20°~35°夹角，过高时刮板易刮伤膜并留下划伤，而过低时膜黏附在漆面上影响施工。

（3）贴膜时遵循先贴平面，再贴弧面，最后处理凹凸面的原则。

（4）当车膜内气泡难以赶出时，用针笔在气泡部位轻扎一下，然后用大拇指快速履平即可。

（5）贴膜完毕后最少需要将车辆静置24小时。在此期间，贴膜技师须定时检查边缝胶面凝固情况。若有起翘、起泡等问题，则需做修复处理。

（6）在气温较低地区或季节（常温低于5℃），如有条件，可将贴膜车辆置烤漆房内烘烤5分钟，这样能有效防止边缘起翘、起泡等问题，使贴膜发挥最佳效果。

（7）贴膜后7天内不能洗车，并且须在7天内前往施工店做二次检查。若出现边缘起翘、起泡等问题，则需做修复处理。

（8）施工的时候，一定要注意刀具的使用以及热风枪温度的调整，切不可把热风枪温度调到200℃以上，不然膜会被烤坏；同时，收边、细裁的时候，注意刀锋的走向，防止把膜割坏或伤手。

（9）施工时一定要选择一个相对无尘的环境。

## 三、知识与能力拓展

**引导问题7　怎样进行汽车车身贴纸工作？**

车身贴纸有两种方式：一种为干贴法；另一种为湿贴法。

1. 干贴法

（1）清洁车身，保持干燥。

（2）确定好需要贴的位置。一般情况下，一边慢慢地贴，一边用工具刮平，一边揭底纸。

（3）如果图形不大，则可把透明转移膜和贴纸全部撕下再贴，但必须小心，不要发生意外粘连。

（4）贴好后，再反复刮压几遍，撕下透明转移膜。
（5）在车门和车缝处用美工刀划一刀，向内包好。
（6）不要让车贴和车身有任何分离或突起。

2. 湿贴法
（1）清洁车身，在将要贴的车身部位上均匀洒水，以降低贴纸黏度，方便调整位置。
（2）确定好需要贴的位置。一边慢慢地贴，一边轻轻地用工具刮平，一边揭底纸。
（3）遇到门把手或防擦条，要根据情况把材料割开并包入。
（4）适当调整，将图形大体位置确定无误后，用力反复刮去水和气泡，撕下透明转移膜。
（5）在车门和车缝处用美工刀划一刀，向内包好。
（6）不要让车贴和车身有任何分离或突起。
（7）尽量将车贴里的水分晾干，有条件的还可以适度加热烘干。根据天气情况，过一两天再洗车。

## 四、评价与反馈

（1）对本学习任务进行评价，如表4－1－1所示。

表4－1－1　汽车车身贴膜操作考核评价表

| 考核项目 | 评分标准 | 分数 | 学生自评 | 小组互评 | 教师评价 | 备注 |
| --- | --- | --- | --- | --- | --- | --- |
| 团队意识 | 是否能相互协助<br>是否能顾全大局 | 10 | | | | |
| 工作态度 | 是否积极、认真、负责 | 10 | | | | |
| 现场5S | 是否在整个工作过程中贯穿5S | 10 | | | | |
| 方案设计 | 是否能结合具体的条件、环境进行合理的设计 | 10 | | | | |
| 操作过程 | 工具、设备、材料的准备是否充分<br>车身贴膜是否规范 | 35 | | | | |
| 操作结果 | 质量是否符合要求 | 5 | | | | |
| 安全规范 | 有无违规或危险的操作 | 10 | | | | |
| 知识与能力拓展 | 是否具有自学与发展能力 | 10 | | | | |
| 总分 | | | | | | |
| 教师签名 | | | | | | |

（2）在实施作业时，你还遇到了哪些方面的问题，如何提高操作技能？

# 任务二　安装汽车大包围

### 任务目标

（1）了解汽车车身大包围装饰的作用；
（2）了解汽车车身大包围的组成；
（3）正确使用、维护相关的工具和设备；
（4）汽车车身大包围安装工作符合安全规范。

### 任务描述

年轻的易先生觉得自己的汽车不够大气、时尚，想安装汽车大包围，于是将汽车开到汽车美容店。你作为汽车美容店的技术人员，请根据客户的需求，进行符合安全规范的汽车车身大包围安装工作。

## 一、资料收集

**引导问题1　什么是汽车车身大包围？汽车车身大包围有哪些作用？**

汽车车身大包围是车身下部宽大的裙边装饰，又称汽车车身外部扰流器。汽车车身大包围可以减小汽车行驶时所产生的逆向气流，同时增加汽车的下压力，使汽车行驶时更加平稳，从而减少耗油量；但是目前有一些大包围只考虑了美观，没有考虑到空气扰流方面的设计，从而让汽车不但没有减少油耗，反而更加费油了。多数安装汽车大包围的汽车还是从美观考虑的。

**引导问题2　汽车车身大包围由哪几部分组成，一般是由什么材料制成的？**

汽车车身大包围由前包围、后包围和侧包围组成，如图4－2－1所示。前、后包围有全包围式和半包围式两种。全包围式是将原来的保险杠拆除，然后装上大包围，或是将大包围套装在原保险杠表面，覆盖原保险杠；半包围是在原来保险杠的下部附加一装饰件，这样可不用拆除原保险杠；侧包围又称侧杠包围或侧杠裙边。

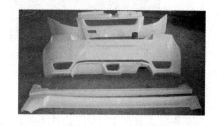

图4－2－1　汽车车身大包围

制作大包围的材料主要有塑料和玻璃钢两种。

1. 塑料

塑料具有细微成分、性能可进行调整，成型性好等特点。用塑料制作的大包围套件的质量相对较高，是各名牌汽车改装厂生产大包围的主要材料；但塑料对成型所需的模具和生产设备要求较高，所以产品售价也较高。

2. 玻璃钢

用玻璃钢制作的大包围套件，虽然在细腻程度等方面不如塑料件，但因制作方便，且对模具和生产设备要求不高，所以多数生产商首选玻璃钢作为生产大包围的材料。

## 二、任务实施

**引导问题3　安装汽车车身大包围前需要做哪些准备工作？**

1. 工具、设备的准备

安装汽车车身大包围需要用到的工具设备有供气系统、喷枪、手电钻、梅花螺丝刀或平口螺丝刀等。

2. 主要材料的准备

安装汽车车身大包围需要用到的材料有纸胶带、擦拭布等。

**引导问题4　怎样进行汽车车身大包围的安装工作？**

1. 大包围面漆喷涂

先将大包围按照涂装工艺的要求逐一进行面漆的喷涂（如图4-2-2所示），等面漆干了之后，再进行调试装车作业；反之，先装车作业，再进行面漆喷涂，如图4-2-3所示。两种方法都可以。

图4-2-2　安装前喷涂

图4-2-3　安装后喷涂

2. 清洁

在进行大包围调试安装作业前，最好先把汽车洗干净。特别对需要安装大包围的部位进行擦拭（如图4-2-4所示），将油污、污垢、灰尘等去除，使装饰部位干净、干燥，以便调试安装。

3. 调试大包围

把大包围的前包围、后包围和侧包围由下而上轻轻地合到车身上，对比包围部件与车身的安装吻合程度，注意勿擦伤车身面漆，并记住包围部件的左右两边、底部与地面及车身的距离确保一致，如图 4-2-5 所示。

图 4-2-4　清洁

图 4-2-5　调试

4. 安装大包围

（1）将贴在包围上的双面胶的保护膜撕开一头（如图 4-2-6 所示），以便安装过程中撕下保护膜；同时，用热风枪将双面胶平均地加热至 20℃ 左右。

（2）确保两边距离相对车身位置准确后，把双面胶的保护膜撕掉（如图 4-2-7 所示），同时用力按紧包围确保其紧紧地粘贴在车身上。

图 4-2-6　撕开保护膜

图 4-2-7　按紧包围

（3）在前包围、后包围、侧包围两边的底部和侧面钻孔上螺丝（如图 4-2-8 所示），并检查安装的稳固程度及与车身的吻合程度，如图 4-2-9 所示。

图 4-2-8　上螺丝

图 4-2-9　粘紧

（4）为防止双面胶粘紧的部位出现缝隙，可以暂时用透明胶或纸胶带在外面将包围压紧，如图 4-2-10 所示。等双面胶完全干透后（24 小时），除去透明胶或纸胶带，即可完成包围安装。

图4-2-10 用胶带固定

## 三、知识与能力拓展

**引导问题5** 怎样进行汽车尾翼的安装?

汽车尾翼,专业叫法为扰流板,属于汽车空气动力套件中的一部分。主要作用是为了减少车辆尾部的升力。如果车尾的升力比车头的升力大,就容易导致车辆过度转向,后轮抓地力减小,以及高速稳定性变差。目前,安装尾翼已经成为年轻车主彰显时尚个性的一种方式。

汽车尾翼的安装基本上和汽车车身大包围的安装方法一样。汽车尾翼一般被安装在汽车后备厢上面,如图4-2-11所示。

图4-2-11 安装在后备厢上的尾翼

## 四、评价与反馈

(1) 对本学习任务进行评价,如表4-2-1所示。

表4-2-1 汽车车身大包围安装操作考核评价表

| 考核项目 | 评分标准 | 分数 | 学生自评 | 小组互评 | 教师评价 | 备注 |
|---|---|---|---|---|---|---|
| 团队意识 | 是否能相互协助 是否能顾全大局 | 10 | | | | |
| 工作态度 | 是否积极、认真、负责 | 10 | | | | |
| 现场5S | 是否在整个工作过程中贯穿5S | 10 | | | | |
| 方案设计 | 是否能结合具体的条件、环境进行合理的设计 | 10 | | | | |

续表

| 考核项目 | 评分标准 | 分数 | 学生自评 | 小组互评 | 教师评价 | 备注 |
|---|---|---|---|---|---|---|
| 操作过程 | 工具、设备、材料的准备是否充分<br>汽车车身大包围安装是否规范 | 35 | | | | |
| 操作结果 | 质量是否符合要求 | 5 | | | | |
| 安全规范 | 有无违规或危险的操作 | 10 | | | | |
| 知识与能力拓展 | 是否具有自学与发展能力 | 10 | | | | |
| 总分 | | | | | | |
| 教师签名 | | | | | | |

（2）在实施作业时，你还遇到了哪些方面的问题，如何提高操作技能？

# 任务三　汽车底盘装甲

（1）了解汽车底盘装甲的作用；
（2）正确使用、维护相关的工具和设备；
（3）汽车底盘装甲施工符合安全规范。

**任务描述**

装了汽车车身大包围的易先生，感觉汽车比原先更加大气，心里非常高兴；同时，又在汽车美容店的工作人员的建议下，做了汽车底盘装甲项目。底盘装甲施工前、后的效果，如图4-3-1和图4-3-2所示。

图4-3-1　施工前效果

图4-3-2　施工后效果

# 一、资料收集

**引导问题1　什么是汽车底盘装甲？**

汽车底盘装甲的学名是汽车底盘防撞防锈隔音保护底漆，是专门为汽车底盘开发的一种高科技的黏附性橡胶沥青涂层，具有无毒、高遮盖率、高附着性，可喷涂在车辆底盘、轮毂、油箱、汽车下围板、后备厢等暴露部位，快速干燥后形成一层牢固的弹性保护层，可防止飞石和沙砾的撞击，避免潮气、酸雨、盐分对车辆底盘金属的侵蚀，防止底盘生锈和锈蚀，保护车主的行车安全。底盘装甲有良好的耐磨性，即使在温度高达140℃的情况也不会流动和下垂，同时弹性保护层能够减轻驾驶时道路和轮胎的噪声，提高车主的驾驶舒适度。

**引导问题2　汽车底盘装甲有哪些作用？**

1. 保护汽车底盘

夏日地表的高温烘烤和冬季道路上的积雪及除雪剂的侵蚀，平时雨水和沿海城市海风中的盐分，都会加剧汽车底盘生锈，导致底盘提前老化；遍布于道路上的各种沙石时刻会撞击底盘和轮毂等部位，导致其表层被破坏，使金属裸露在外，使锈蚀很快蔓延，造成严重腐蚀，甚至有可能导致油底壳发生渗漏，严重影响行车安全。如果做了底盘装甲，就可避免此现象的发生。

2. 提高驾驶舒适度

由于底盘喷涂了具有弹性及密封性的底盘装甲，一方面大大增加了车辆行驶的平稳度；另一方面极大地降低了车辆行驶过程中的噪声。因此，它提高了驾驶舒适度。

3. 确保爱车价值

一般情况下未做底盘装甲的车辆行驶3年左右就会发生锈蚀，导致车辆提前老化；而做过底盘装甲的车辆则无此担忧，使其具有更高的价值。可见，这也是提升二手车价值的最有效办法。

# 二、任务实施

**引导问题3　汽车底盘装甲施工前需要做哪些准备工作？**

1. 工具、设备的准备

汽车底盘装甲施工需要用到的工具设备有汽车举升机、十字轮胎扳手、喷枪、空气压缩机等。

2. 主要材料的准备

（1）汽车底盘装甲产品。

汽车底盘装甲是将特殊的弹性胶质材料喷涂在汽车底盘上，将底盘及车轮上方部位完全包裹起来，待其自然固结后形成的一层有一定强度的耐腐蚀保护层。市面上汽车底盘装甲的主要品牌还是国外品牌居多，主要有美国的固盾、3M，德国的汉高、伍尔特、霍尼韦尔、雷朋、固特尔、保赐利等。3M 汽车底盘装甲产品如图 4-3-3 所示。

图 4-3-3　汽车底盘装甲

（2）其他材料。

需要用到的其他材料有遮蔽纸、抹布、遮蔽胶带、遮蔽膜等。

**引导问题 4　怎样进行底盘装甲的施工？**

1. 清洗底盘

首先拆除车轮和内叶子板保护胶板，如图 4-3-4 所示。用举升机将汽车升高，用高压水枪冲洗底盘，去除底盘上黏结的油泥和沙子。此外，还可以用常见的铁丝网刷，把车底附着的泥沙、油污和其他杂物刮掉，直到露出金属的本色为止，再用吹水枪将缝隙中的水吹出，并用毛巾将水擦干，如图 4-3-5 所示。

图 4-3-4　拆卸车轮

图 4-3-5　清洁

2. 局部遮蔽

汽车底盘装甲并非将汽车底盘全部安上装甲，像减震弹簧、减震器、方向轴（图 4-3-6），还有发动机油底壳、变速箱外壳、进排气管等部位，在喷涂时都要拿遮蔽纸包裹起来（图 4-3-7）。由于发动机底壳、变速箱外壳需要散热，所以，如果将防锈材料喷在它们上面，就会影响散热。再就是不能将其喷在排气管上。车辆行驶时排气管的高温，会将表面的附着物烤焦而发出难闻的臭味。所以，必须先用遮盖纸将这些部位遮盖，尤其注意要把车身上的传感器和减震器遮盖好。

图4-3-6 车轮周围遮蔽

图4-3-7 底盘遮蔽

3. 喷涂

仔细包裹好关键部位后，即可开始喷涂。先喷涂车辆翼子板内侧（图4-3-8）。使用前应充分摇晃容器，再喷涂车辆底盘（图4-3-9）。一般来说，汽车底盘装甲的厚度在1～3 mm。

图4-3-8 喷涂翼子板内侧

图4-3-9 喷涂底盘

4. 干透后装件

喷涂干燥之后，取下遮蔽纸（图4-3-10），装上拆卸的车轮及内叶子板保护胶板。

如果天气晴朗，汽车喷涂2～4小时后就能投入使用，但完全干燥还需要等待3天。在这3天内，最好不要用高压水枪对底盘进行清洗。干燥后的保护膜可以很好地黏附在清洁的汽车底盘上，具有极强的耐磨性和抗腐蚀性。底盘装甲效果如图4-3-11所示。

图4-3-10 取下遮蔽纸

图4-3-11 翼子板内侧底盘装甲效果

# 三、知识与能力拓展

**引导问题5　还有哪些常见的汽车外饰件？**

1. 挡泥板

挡泥板就是安装在车轮外框架后面的板式结构，通常用优质橡胶材料制造，也有的采用工程塑料。通常将挡泥板安装在机动车车辖辘后面。安装之后挡泥板比车身凸出 5 cm 左右（如图 4-3-12 所示），以有效地防止飞起的石子以及沙砾打伤车身的漆面。

2. 车轮饰盖

车轮饰盖一般是用塑料粒子经注塑，在表面用油漆涂装形成的。普通的汽车轮胎钢圈在使用过程中经常被刮坏，而车轮饰盖（图 4-3-13）可以将钢圈表面彻底遮盖。外形各异的高品质的饰盖能烘托出整车的造型效果，提高车辆的价值，加深用户对轿车品牌概念的理解。

图 4-3-12　挡泥板　　　　　图 4-3-13　车轮饰盖

3. 雨眉、轮眉

将雨眉粘贴在 4 个车门的门框上，如图 4-3-14 所示。在雨天可以透气，防止起雾，防止开窗户进入雨水，还可以起到装饰作用。

轮眉是装在汽车的 4 个翼子板的边缘，起到防尘擦拭翼子板的作用，同时也可起到装饰作用，如图 4-3-15 所示。

图 4-3-14　雨眉　　　　　　图 4-3-15　轮眉

4. 防擦条

防擦条，又称防护条、防撞条、护舷胶条等，主要用于汽车、充气艇、冲锋舟、漂流艇、游艇以及各种水上游乐设备设施的防护。汽车防擦条以前都是黑色的橡胶，可以起到防止轻微的碰撞和剐蹭对车漆造成伤害，有一定的保护作用。现在的金属防擦条（图4-3-16）及有面漆的防擦条（图4-3-17）更多的作用是让汽车看起来更具活力，有时尚元素，使车体显得更饱满，主要起到装饰作用。

图4-3-16 保险杠防擦条

图4-3-17 车门防擦条

5. 漆面保护膜

漆面保护膜简称"犀牛皮"，采用高科技质感的聚氨酯薄膜制成，具有强韧性。它能保护车体各部位烤漆表面免遭剥落、划伤，并防止烤漆表面生锈及老化发黄。此外"犀牛皮"还具有防碎石碰撞摩擦，抗击紫外线照射的能力。由于其卓越的材料延展性、透明性及曲面适应性，装贴后不影响车身外观，目前主要用于汽车开门把手内缘（图4-3-18）、后视镜漆面、门下摆等部位。

图4-3-18 漆面保护膜

## 四、评价与反馈

（1）对本学习任务进行评价，如表4-3-1所示。

表4-3-1 汽车底盘装甲施工操作考核评价表

| 考核项目 | 评分标准 | 分数 | 学生自评 | 小组互评 | 教师评价 | 备注 |
|---|---|---|---|---|---|---|
| 团队意识 | 是否能相互协助 是否能顾全大局 | 10 | | | | |
| 工作态度 | 是否积极、认真、负责 | 10 | | | | |
| 现场5S | 是否在整个工作过程中贯穿5S | 10 | | | | |
| 方案设计 | 是否能结合具体的条件、环境进行合理的设计 | 10 | | | | |
| 操作过程 | 工具、设备、材料的准备是否充分 底盘装甲喷涂是否符合规范 | 35 | | | | |
| 操作结果 | 质量是否符合要求 | 5 | | | | |
| 安全规范 | 有无违规或危险的操作 | 10 | | | | |
| 知识与能力拓展 | 是否具有自学与发展能力 | 10 | | | | |
| 总分 | | | | | | |
| 教师签名 | | | | | | |

（2）在实施作业时，你还遇到了哪些方面的问题，如何提高操作技能？

# 项目五 汽车内装饰

## 任务一 装饰汽车座椅

### 任务目标

(1) 了解汽车座椅的组成和分类;
(2) 了解汽车座椅装饰材料的特点;
(3) 正确使用相关的工具和设备;
(4) 汽车座椅的相关装饰工作符合安全规范。

### 任务描述

罗女士新买了一辆经济型轿车。原厂座椅套为布质材料。为了提高内饰档次和舒适度,她决定将座椅套改为真皮椅套并加装坐垫。你作为汽车美容店的技术人员,请根据罗女士的要求,遵照安全规范,对座椅进行装饰。

### 一、资料收集

**引导问题1 汽车座椅由哪几部分组成?**

汽车座椅主要由骨架、填充层和表皮层三大部分组成。

(1) 骨架。它是座椅的基础组成部分,一般由金属材料制作而成。其主要作用是为座椅提供支撑,如图5-1-1所示。

(2) 填充层。它是座椅的缓冲层,主要用发泡塑料制作。其主要作用是提高乘坐舒适性,如图5-1-2所示。

(3) 表皮层。它是座椅的表面装饰层。其主要作用是美化装饰座椅,同时也可提高座椅的舒适性。汽车座椅改装的重点是表皮层。图5-1-3所示是安装好表皮的座椅。

  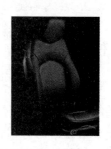

图 5-1-1 座椅骨架　　　图 5-1-2 填充海绵　　　图 5-1-3 座椅

**引导问题 2　汽车座椅分为哪几类？**

汽车座椅可以按照其结构和使用功能进行分类。

1. 按汽车座椅结构分类

汽车座椅的结构根据汽车类型的不同，其样式及组成有很大的差别。一般根据座椅的豪华和舒适程度可以分为以下类型。

（1）简易型座椅。

简易型座椅结构简单，主要是满足乘客最基本的乘坐要求，在造型和舒适性方面考虑较少，常采用木材、塑料或玻璃钢材料等制作，如图 5-1-4 所示，一般用于公共汽车或普通客车上。

（2）豪华型座椅。

豪华型座椅为复合型结构，一般根据人体工程学原理设计，能为驾乘人员提供很好的舒适性和安全性，如图 5-1-5 所示。

图 5-1-4 简易型座椅　　　　图 5-1-5 豪华型座椅

豪华型座椅主要用于轿车、越野车、多功能汽车、豪华微型客车等车型上。

（3）普通型座椅。

普通型座椅与豪华型座椅相比，其骨架结构相对简单，填充层和表皮层的材料相对较差，所以其舒适性也相对较差。其性能介于简易型和豪华型座椅之间，如图 5-1-6 所示。普通型座椅主要用于豪华客车上。

## 2. 按汽车使用功能分类

汽车座椅按其使用功能又可以分为驾驶员座椅、乘客座椅和儿童座椅3种。

（1）驾驶员座椅。

驾驶员座椅被安装在驾驶员的座位处。驾驶员在开车时要集中精力，始终注视前方，要灵活机动地处理交通路面情况，而为了有利于驾驶员驾车，对座椅的舒适性、方位（高低、前后、左右）可调性要求较高。所以，驾驶员座椅总成的机构复杂，要求性能可靠，调整使用简便灵活，如图5-1-7所示。

图5-1-6　普通型座椅　　　　图5-1-7　驾驶员座椅

（2）乘客座椅。

乘客座椅与驾驶员座椅一样要求乘坐舒适，但是对调整方面无过多的要求。一些豪华轿车上的乘客座椅有角度调整机构，即仰坐的角度可在一定范围内调节，以增加其乘坐舒适性，如图5-1-8所示。

（3）儿童座椅。

儿童座椅也叫儿童安全座椅。它是专为儿童设计的，在汽车发生碰撞或突然减速的情况下，减少对儿童的冲压力，限制儿童的身体移动，从而减轻对他们的伤害，以确保儿童乘车安全，如图5-1-9所示。

图5-1-8　乘客座椅　　　　图5-1-9　儿童安全座椅

几岁的小孩使用儿童安全座椅在各个国家的交通法规中都有明确规定。有的按照年龄规定，有的按照儿童的体重规定。多数国家的法规规定，8岁以下或体重36 kg以下的儿童必须使用安全座椅。

**引导问题3　汽车座椅的装饰材料有哪些，各有什么特点？**

汽车座椅套是汽车的"时装"。汽车座椅套的形状和材质可以体现车主的品位和个性。汽车座椅的装饰材料主要有皮革类、绒布类及其他类等多种材料。汽车座椅的装饰要满足舒适、安全、美观和实用的特点。

1. 皮革类

皮革类材料制作的座套外表美观，容易清理。特别是真皮材料制作的座套由于透气性好、冬暖夏凉、触感舒服、乘坐舒适，所以成为中、高档汽车座椅的首选。人造革材料或劣质二层皮由于散热性、柔韧性、耐磨性等较差，一般不建议选用。

2. 棉布类

棉布类材料制作的座套价格较低廉，品种颜色多样，防滑耐磨，拆洗方便，但容易褪色，容易吸附灰尘和污垢，容易滋生、繁殖细菌，清理比较困难。

3. 其他类

轿车原厂座套一般只有真皮椅套和绒布座套两类。其他类主要为座椅装饰美容时使用，常见材料及样式有混纺类、纯毛类、帘式等。混纺座套的最大好处是易于清洗，脏了之后只要拆下来放进洗衣机洗涤就行，而且非常结实耐用，不易磨损。纯毛座套摸上去手感非常柔软，透气性良好，不粘身，利于汗液的挥发；但清洗比较麻烦，需要干洗，清洗保养费用较高。帘式座套，一般是由竹制品或硬塑料制成，适合夏季使用。

## 二、任务实施

**引导问题4　装饰汽车座椅前需要做哪些准备工作？**

1. 工具的准备

汽车座椅装饰需要用到的工具有剪刀、卡钉钳、虎牙起刀、十字起子、一字起子、套筒、接杆、快扳及棘轮扳手等，如图5-1-10所示。

2. 材料的准备

（1）真皮座椅套。

真皮座椅套一般要根据具体车型的座椅样式进行专门定制。在安装时，先拆掉原座椅表皮层，再进行安装。这样，不仅可以保持原来座椅的形状，还可以确保在长久使用情况下，椅面不会发生变形和移位。所以，选择真皮座椅套时一定要选择与安装车型座椅样式相同的产品。汽车原厂座椅常见样式如图5-1-11所示。

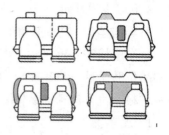

图 5 – 1 – 10　座椅装饰需要用到的工具　　　图 5 – 1 – 11　汽车座椅常见样式

（2）坐垫。

坐垫一般采用通用样式。安装时直接将其套在原座椅上即可，周围通过松紧带、卡扣、魔术贴进行固定。这种换装方式，拆装自如，价格便宜，但使用时间稍长容易发生变形和移位，需要经常进行调整。

（3）其他材料。

汽车座椅装饰还需要准备的材料有 502 或 401 胶水、卡子、垫布等。

**引导问题 5　怎样安装汽车真皮椅套和坐垫？**

1. 真皮椅套的安装

汽车真皮椅套由于质量要求较高，所以安装比较复杂。

（1）安装前仔细检查座椅以及相关附件，熟悉其结构及拆装方法，并查看各零部件是否完好等。

（2）在操作台面铺好垫布，将要安装的座椅拆卸下来平放在垫布上，并将所有头枕取下。

（3）更换前排座椅椅套。

① 分解前排座椅的靠背。

a. 先用套筒拆掉扶手螺丝，取下扶手，如图 5 – 1 – 12 所示。

b. 用虎牙起刀拆掉座椅调节的旋钮塑料盖，如图 5 – 1 – 13 所示。

图 5 – 1 – 12　拆卸扶手　　　　　　　　图 5 – 1 – 13　拆卸调节旋钮盖

c. 用套筒拆掉座椅底座螺丝，完成前座椅的分解，如图 5 – 1 – 14 所示。

d. 取下前座椅靠背连接的松紧带，拿出前座椅。

e. 拆掉背板螺丝，取下前座椅靠背板。前座椅靠背分解完毕。

② 拆下前排座椅的旧布套。

a. 拆开前坐垫靠背后塑料挂钩卡条，将布套从后向前翻开，用虎牙起撬开下方连接卡钉，并抽出里面的钢丝备用，如图 5 – 1 – 15 所示。

图 5 – 1 – 14　拆卸底座螺丝　　　　图 5 – 1 – 15　撬开卡钉

b. 拉开背板拉链，用虎牙起撬开背板连接卡钉，抽出钢丝备用，慢慢将前座椅靠背旧布套取下，如图 5 – 1 – 16 所示。

c. 松开前座椅坐垫的塑料挂钩卡条，用虎牙起撬开铁质销片，松开旧布套卡条，将前坐垫翻转，将旧布套向上翻开，并用虎牙起刀撬开连接卡钉，抽出钢丝备用，然后慢慢地将前坐垫旧布套取下，如图 5 – 1 – 17 所示。

d. 清除干净座椅海绵里的废旧卡钉。

图 5 – 1 – 16　拆卸前靠背旧布套　　　图 5 – 1 – 17　拆卸前坐垫旧布套

③ 安装前排座椅真皮椅套。

a. 将钢丝穿入前座皮套内的宽带布内。注意钢丝的长短和泡绵卡槽保持一致。

b. 先固定前后钢丝，再固定两边钢丝。

c. 顺着座位四角将皮套翻转，然后将下方塑料挂钩卡条挂牢，将铁销片和卡条卡紧，如图 5 – 1 – 18 所示。

d. 将前座椅靠背皮套翻转，将里面朝外，穿上钢丝，用卡钉将皮套和前座椅靠背沟槽内的钢丝边连接牢固。注意装饰线要贴合靠背棱角，如图

5-1-19所示。

图5-1-18 安装前坐垫真皮椅套　　图5-1-19 安装前靠背真皮椅套

e. 拉上背板拉链,先固定好上、下钢丝,再固定好两边钢丝,如图5-1-20所示。

图5-1-20 固定前靠背真皮椅套

f. 拧紧底座下的4颗螺丝。

g. 拧紧靠背连接螺丝,盖上两边的塑料护盖。拧紧底座上的2颗螺丝,装上座靠调节旋钮。

h. 装好扶手,拧紧扶手螺丝,并注意检查扶手调节是否活动自如,最后拉上拉链。

(4) 更换后排座椅椅套。

① 分解后排座椅。

a. 拉开拉链,用套筒拧下扶手螺丝,取下扶手。

b. 拧下座椅侧面护盖螺丝取下护盖,用套筒拧下2颗座靠连接螺丝,取下后靠背。

c. 拧开座位侧面的2颗固定螺丝,完成后靠背分解。

② 拆下后排座椅的旧布套。

a. 拧下后排座椅活动站脚下的3颗螺丝,并取下盖板,如图5-1-21所示。

b. 用套筒拧开盖板内的螺丝并松开两边弹簧,拧开两侧弹簧下的螺丝,取下站脚,如图5-1-22所示。

图 5-1-21 拆卸活动站脚上的盖板　　图 5-1-22 拆卸活动站脚

c. 拧下底板螺丝，拉开底板拉链，用虎牙起撬开底板连接卡钉，将旧布套翻转，拧开正面连接卡钉，抽出钢丝备用。

d. 松开靠背下方的塑料子母卡条和拉链，用虎牙起刀拧开固定卡钉。将靠背倒立向下翻转旧布套，用虎牙起刀拧开连接卡钉，取下旧布套，抽出钢丝备用。

e. 将海绵上的废旧卡钉清除干净，完成座套的拆解。

③ 安装后排座椅的真皮椅套。

a. 将钢丝穿入后座皮套内的宽带布内。注意钢丝的长短和泡绵卡槽保持一致。

b. 先固定前、后钢丝，再固定两边钢丝，然后用卡钉对应连接固定，再顺着海绵四角向下翻转皮套，并注意装饰线贴合棱角。

c. 翻转坐垫，将底板朝上，用卡钉将外侧宽带和底座钢丝连接卡牢，并拉上两侧拉链，如图 5-1-23 所示。

d. 装上底座站脚，按照拆卸的顺序，拧上螺丝，挂上弹簧，装上盖板，拧上挂带螺丝。

e. 在靠背宽带内穿上钢丝和海绵卡槽对应连接，如图 5-1-24 所示。

 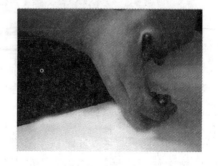

图 5-1-23 安装后座真皮椅套　　图 5-1-24 安装后靠真皮椅套

f. 顺着靠背肩角向后翻转皮套，用卡钉将靠背侧面小片固定在背板内，然后拉上侧面拉链，并将靠背下方塑料子母卡条卡紧。

g. 将后靠背安上座位，用快扳拧紧2颗座靠连接螺丝，如图5-1-25所示。

h. 装上塑料盖，拧上护盖螺丝，如图5-1-26所示。

i. 用套筒拧上座位外侧的2颗固定脚的螺丝。注意不要将固定脚装反。然后装上扶手，用套筒拧紧扶手螺丝并拉上拉链。

图5-1-25 连接后靠和后座

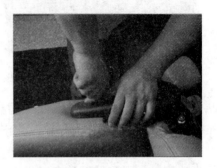
图5-1-26 安装护盖

（5）更换头枕套。

① 取下头枕，使用快扳拧开底座的固定螺丝。

② 用虎牙起撬开头枕下的塑料子母卡扣，并取下旧布套。

③ 将头枕皮套翻转，顺着头枕海绵棱角向下安装，然后卡紧头枕下方塑料子母卡条，完成头枕枕套安装，如图5-1-27所示。

（6）更换扶手套。

① 用虎牙起拆卸掉扶手上的旧布套。

② 顺着海绵棱角向下安装扶手皮套，如图5-1-28所示。

图5-1-27 安装头枕套

图5-1-28 安装扶手套

③ 组装好扶手，拧紧扶手螺丝，并注意检查扶手调节是否活动自如，然后拉上扶手拉链，完成扶手安装。

（7）将整个座椅套安装完毕后，仔细检查安装质量。对于不完善的地方，进行修整，如线头、起皱等。

（8）将座椅按照要求装回原处。注意安装后不能让座椅有松动，不能少装部件，不能损坏座椅及皮套。

（9）检查并清洁安装好的真皮椅套，确认没有问题后，套上塑料薄膜，完成汽车真皮椅套的更换工作。

2. 坐垫的安装

坐垫的安装相对于座椅套的安装要简单得多，但是要安装好，也必须**遵循**一定的步骤：

（1）安装前，仔细检查坐垫质量的好坏以及是否与所安装座椅大小形**状相**匹配。现在通用的汽车坐垫一般是 5 件套，即前驾座是两个连体，后座是两个单靠背和一个大垫。

（2）安装前座椅坐垫。汽车坐垫的连接及固定方式一般如图 5-1-29 所示。

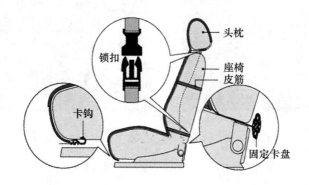

图 5-1-29　汽车坐垫的连接及固定方式

① 取出前排坐垫，套入背心，如图 5-1-30 所示。

② 取出卡盘并与皮筋连接好，如图 5-1-31 所示。

图 5-1-30　套入前排背心　　　　图 5-1-31　安装卡盘

③ 将卡盘从座椅靠背与坐垫缝隙处塞入，如图 5-1-32 所示。

④ 卡好卡盘，并用皮筋和锁扣固定座椅靠背部分的坐垫，如图 5-1-33 所示。

⑤ 将坐垫部分套入座椅，然后用卡盘或卡钩将下部固定在坐垫根部，**并调整好坐垫围裙**，如图 5-1-34 所示。

⑥ 套入头套及头枕，用锁扣扣好，如图 5-1-35 所示。

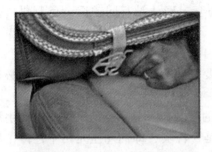
图5-1-32 塞入卡盘

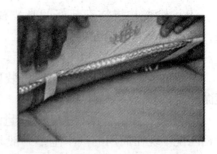
图5-1-33 固定椅背坐垫

图5-1-34 安装前排坐垫

图5-1-35 安装头套及头枕

⑦ 将前排另一边坐垫按步骤①~⑥安装。前排座椅安装好后的效果如图5-1-36所示。

图5-1-36 前排坐垫安装好后的效果

(3) 后排汽车坐垫安装。
① 取出后排坐垫并套入头套和靠背,如图5-1-37所示。
② 将后排头套和靠背背面的锁扣或卡盘连接好,如图5-1-38所示。

图5-1-37 套入后排头套及靠背

图5-1-38 固定后排头套及靠背

③ 将长座椅扶起，如图 5 – 1 – 39 所示。
④ 套入后排长坐垫，如图 5 – 1 – 40 所示。

图 5 – 1 – 39　扶起后排长座椅

图 5 – 1 – 40　套入后排长坐垫

⑤ 连接好卡扣、卡钩并固定锁紧，如图 5 – 1 – 41 所示。
⑥ 还原长座椅，并调整好坐垫位置，如图 5 – 1 – 42 所示。

图 5 – 1 – 41　固定后排长坐垫

图 5 – 1 – 42　还原后排长座椅

⑦ 套入扶手套，并卡好锁扣，如图 5 – 1 – 43 所示。
⑧ 检查并调整，最后完成坐垫的安装，如图 5 – 1 – 44 所示。

图 5 – 1 – 43　安装扶手套

图 – 1 – 44　后排坐垫安装好后的效果

## 三、评价与反馈

（1）对本学习任务进行评价，如表 5 – 1 – 1 所示。

表 5-1-1 汽车座椅的装饰操作考核评价表

| 考核项目 | 评分标准 | 分数 | 学生自评 | 小组互评 | 教师评价 | 备注 |
|---|---|---|---|---|---|---|
| 团队意识 | 是否能相互协助<br>是否能顾全大局 | 10 | | | | |
| 工作态度 | 是否积极、认真、负责 | 10 | | | | |
| 现场5S | 是否在整个工作过程中贯穿5S | 10 | | | | |
| 方案设计 | 是否能结合具体的条件、环境进行合理的设计 | 10 | | | | |
| 操作过程 | 工具、设备、材料的准备是否充分<br>椅套、坐垫的更换是否符合规范 | 35 | | | | |
| 操作结果 | 质量是否符合要求 | 5 | | | | |
| 安全规范 | 有无违规或危险的操作 | 10 | | | | |
| 知识与能力拓展 | 是否具有自学与发展能力 | 10 | | | | |
| | 总分 | | | | | |
| 教师签名 | | | | | | |

（2）在实施作业过程中，有哪些需要注意和总结的事项？

# 任务二　装饰汽车地板

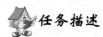

（1）了解汽车地板的结构；
（2）掌握汽车地板装饰的目的及方法；
（3）正确使用、维护相关的工具和设备；
（4）汽车地板的装饰工作符合安全规范。

### 任务描述

罗女士在使用汽车的过程中，经常会将泥沙带进车内，特别是在下雨天，雨水混合泥沙弄脏地毯后很难清洁干净。为了保证车内地板的干净整洁，罗女士决定对汽车地板也进行装饰。你作为汽车美容店的技术人员，请遵照安全规范装饰汽车地板。

# 一、资料收集

**引导问题1　汽车地板由哪几部分构成？**

轿车的地板是复合型的，由基层、中间层和表皮层构成。

1. 基层

基层也称底层，是用薄钢板压制且经焊装而成的。有的轿车底盘有骨架，压制的薄钢板就焊装在底盘的骨架上；有的无骨架，直接用薄钢板冲压焊装而成，成为地板的基层。

2. 中间层

中间层主要由加强隔热胶板、胶合板或纤维板等构成，能起密封、隔热、保温和加强地板刚性等作用。在对车身喷涂烘烤时，隔热胶板将达到低温稍熔状态，但不产生流淌或流挂，从而将中间层和底层熔为一个整体；出炉冷却后可提高整体强度，也增加了密封、隔热的功能。

3. 表皮层

轿车地板的表皮层主要选用环保的聚酯纤维，通过胶粘、卡扣等方法固定在地板上。

**引导问题2　汽车地板的装饰目的及装饰方法是什么？**

1. 汽车地板的装饰目的

（1）防水防污，便于清洁。由于轿车地板表皮层一般选用地毯材质，所以在平时使用过程中，如果水、泥沙或其他污物进到地毯里面，很容易弄脏地毯，而且很难彻底清洁，严重影响美观。

（2）防止细菌，保护健康。水或杂物进到地毯以后，不但影响美观，而且容易腐蚀地毯和地板，滋生细菌，影响驾乘人员的身体健康。

（3）防滑耐磨，延长寿命。新型地垫由于常采用复合材料，不但防滑耐磨，而且更换方便，能间接地延长地毯的使用寿命。

（4）隔音减震，美观舒适。通过加装隔音棉、减震垫等，可以降低车内的噪声和震动，使驾乘人员感到舒适；同时好的装饰也可以改变内饰风格，凸显车主的品位与个性。

2. 汽车地板的装饰方法

（1）加装减震垫和隔音棉。由于汽车在制造时使用了金属、塑料板料，所以在行驶过程中会产生共振，造成震动和噪声。虽然汽车原厂也会进行相应处理，但是由于考虑成本原因，往往处理不彻底，所以车主可以通过自己加装减震垫、隔音棉等进行降噪减震处理，如图5-2-1所示。

（2）加装地板胶。汽车地板胶一般是为汽车整个地板铺设的一层橡胶垫。铺设时需要拆掉座椅等物件。铺设好后形成一个整体的保护层，达到防水、防污的目的。汽车地板胶一般分两种：一种是需要根据车厢底板形状边裁剪，边安装；另一种是专车专用的成型产品。

（3）加装脚垫。脚垫一般为多片，体积小巧，容易安装、清洗。脚垫对汽车地毯和地板胶有很好的保护作用。大部分产品是通用型的，也有根据车型加工成型的，如图5-2-2所示。

图5-2-1 加装隔音棉

图5-2-2 脚垫

## 二、任务实施

**引导问题3　安装汽车地板胶前需要做哪些准备工作？**

1. 工具的准备

汽车地板的装饰需要用到的工具有剪刀、十字起子、平口起子、套筒、接杆、快扳等内饰件拆装工具。

2. 材料的准备

（1）减震垫。

汽车车身都是由金属薄板制成的。80%的汽车噪声（如发动机噪声、轮胎噪声）会通过车身钣金和框架的震动传递到驾驶室里，并且这些噪声在传递过程中会带动车身金属板震动，产生二次噪声。如果要降低汽车噪声，需要在车内使用大量优质高效的减震材料。减震垫是一种弹性材料或元件，通过隔绝或衰减震动的传播，可以实现减震降噪的目的。

如某品牌的顶级隔音止震王就是在阻尼减震原理的基础上研发的。当顶级隔音止震王与汽车金属面板粘贴后，可以有效地把车身震动的动能转化为热能，从而达到抑制震动并阻隔噪声传递的目的。

（2）隔音棉。

隔音棉能将声源与周围环境隔离，使其辐射的噪声不能直接传播到周围区域，从而达到控制噪声的目的。隔音的关键因素取决于隔音材料的厚度和密度。由于汽车内部空间有限，车内隔音材料只有采用高密度材料，才会有好的隔音效果。

如某品牌的蓝金刚隔音棉采用先进的约束性阻尼减震技术，以高纯度的丁基橡胶为基层，外覆独有的经过耐磨、耐腐蚀镀膜技术处理的铝箔，高度稳定，不易氧化，具有优异的减震、隔热、防锈及钣金强化性能，如图5-2-3所示。

（3）吸音棉。

在汽车有限空间内的噪声包括直达噪声和反射噪声两部分。吸音是用特种被动式材料来改变声波的方向，以吸收其能量。合理的布置吸音材料，能有效降低声能的反射量，达到吸音降噪的目的。如某品牌的隔音吸音棉由于采用了波浪形吸音槽设计，材料的声阻抗与空气的声阻抗能较好地匹配，从而使较宽频段的声波都能被高效地吸收，如图5-2-4所示。

图5-2-3 隔音棉

图5-2-4 吸音棉

（4）地板胶。

汽车地板胶材料一般为复合材料，表面选用无毒无味环保型PVC材料，底面选用优质隔音棉。好的地板胶经久耐用，具有隔音、防潮、防静电、阻燃、易清洗、整体感强、对地毯具有较强的保护等作用。

（5）脚垫。

汽车脚垫品种繁多，按功能分为专用型脚垫和通用型脚垫，按形状分为平面脚垫和立体脚垫，按工艺分为手工脚垫、机器编织脚垫和机器注塑脚垫，按材质分为化纤丝绒脚垫、塑料脚垫、橡胶脚垫、皮革脚垫、尼龙丝脚垫、草坪丝脚垫等。

① 化纤丝绒类脚垫。

这种脚垫一般采用羊毛、棉质或者化纤等纤维材料，保暖性和隔音性相对比较好，脚感柔软舒适，但对泥土尘沙等杂物的去除能力和吸附锁定能力一般，清洗后较难晾干，价格差异也相对较大，如图5-2-5所示。

② 塑料或橡胶类脚垫。

这类脚垫利用注胶倒模的方式生产，价格最为便宜，但几乎不对尘土吸附和锁定，没有吸水功能，下雨天脚垫上会积下湿漉漉的一摊水，舒适感差。车内温度较高时，容易产生难闻的气味。其优点是每次清洗完毕就可以马上使用，无须晾晒，如图5-2-6所示。

图5-2-5 丝绒脚垫

图5-2-6 橡胶脚垫

③ 3D立体脚垫或全包围脚垫。

这类脚垫是时下较为流行的脚垫品种。厂家会针对不同车型地板的尺寸、深度、形状等进行设计生产。车主只需按照自己的车型就能找到相应型号的脚垫。3D立体脚垫材质一般为热压成型的泡沫橡塑板材,价格也因为板材质量和工艺而有较大差异。全包围脚垫的表面一般为人造革或尼龙材料。优点是能够最大范围覆盖地板;脏物不容易落到地板上;缺点是吸水和吸尘的能力较弱,如图5-2-7所示。

④ 尼龙丝或草坪丝脚垫。

此类材质的脚垫主要为化纤材质。它脚感舒适,隔音能力、吸水能力和吸附泥沙与尘土的能力相当强,而且容易裁剪成适合的尺寸,清洗也较为方便,洗完后可以马上使用;但是目前它的价格较高,属于高端产品,如图5-2-8所示。

图5-2-7 立体脚垫

图5-2-8 草坪丝脚垫

**引导问题4 怎样装饰汽车地板?**

汽车地板的装饰根据汽车类型和选用产品的不同,其装饰方法也有所不同,一般方法如下:

1. 减震垫隔音棉的安装

(1) 将汽车上影响安装减震垫、隔音棉的部件拆除。汽车上一般需要安装减震垫、隔音棉的部位如图5-2-9所示。如果只需对地板进行装饰，则只需拆掉座椅、原厂地毯及一些附件即可，如图5-2-10所示。对于原厂的隔音减震材料建议不要拆除，可在其上直接粘贴。

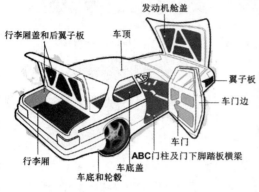
图5-2-9 降噪隔音位置

图5-2-10 拆除地板上的附件

(2) 用酒精或专用清洁剂将相关部位清洁干净，并保持干燥。

(3) 将减震垫按地板面积和形状裁剪好。汽车地板使用减震材料达到实际面积的50%~70%就会产生很好的减震效果，无须全部贴满，如图5-2-11所示。

(4) 将减震垫背面的保护膜撕掉，将减震垫安装到合适的位置，并用专用滚筒或刮板进行反复挤压，使减震垫粘贴牢固，如图5-2-12所示。

图5-2-11 裁剪减震垫

图5-2-12 铺装减震垫

(5) 将减震垫安装好后，将隔音棉按照地板形状、大小修剪成型，如图5-2-13所示。可以在整个地板上铺满隔音棉，但是要注意不要挡住螺丝孔及空调孔，露出所有的电线及其他附件。

(6) 将隔音棉按照地板形状铺满，如图5-2-14所示。

图5-2-13 裁剪隔音棉　　　　图5-2-14 铺装隔音棉

(7) 检查并还原所拆部件,完成减震垫和隔音棉的安装。

其他部位的减震垫、隔音棉的安装可结合具体产品说明,参考以上步骤进行安装。

2. 汽车地板胶的安装

汽车地板胶的安装以成型地板胶为例进行说明。

(1) 根据车型选择合适的地板胶产品,安装前进行检查并清洁。

(2) 将原车座椅及其他影响地板胶铺设的附件拆除。

(3) 将原车地毯清洁干净并保证内部干燥,如图5-2-15所示。

(4) 将地板胶按地板形状铺好,并将边缘多余部分塞进压条或装饰板内。

(5) 用剪刀或刀片进行开孔,让螺丝孔、空调管及电线露出,如图5-2-16所示。

图5-2-15 清洁原车地毯　　　　图5-2-16 开孔

(6) 调整并检查地板胶的位置及形状,将所拆附件还原。

(7) 最后检查并清洁,完成地板胶的安装。

3. 全包围脚垫的安装

全包围脚垫的安装比较简单,具体如下:

(1) 根据车型选择所需要的全包围脚垫。

(2) 将汽车内部地毯清洁干净,并保证干燥。

(3) 将脚垫按形状放在合适的位置上,如图5-2-17所示。

(4) 将脚垫上的卡扣固定好,如图 5-2-18 所示。

(5) 检查并调整脚垫,完成安装。

图 5-2-17 放置脚垫

图 5-2-18 卡好卡扣

## 三、知识与能力拓展

**引导问题 5** 如何安装迎宾踏板?

迎宾踏板是一种用于装饰汽车门槛部位,起到保护车体,美化车体作用的汽车装饰件,属于汽车装饰用品的一种。

汽车迎宾踏板的安装步骤如下:

(1) 确定安装位置及尺寸,如图 5-2-19 所示。

(2) 用酒精把拟安装迎宾踏板的部位擦干净,如图 5-2-20 所示。

图 5-2-19 确认安装位置及尺寸

图 5-2-20 清洁

(3) 撕下迎宾踏板背胶,如图 5-2-21 所示。

(4) 将迎宾踏板粘贴在门槛上,保证粘贴牢固,如图 5-2-22 所示。

图 5-2-21 撕下背胶

图 5-2-22 粘贴

（5）撕下保护膜，完成安装，如图5-2-23所示。

图5-2-23 撕下保护膜

## 四、评价与反馈

（1）对本学习任务进行评价，如表5-2-1所示。

表5-2-1 汽车地板的装饰操作考核评价表

| 考核项目 | 评分标准 | 分数 | 学生自评 | 小组互评 | 教师评价 | 备注 |
| --- | --- | --- | --- | --- | --- | --- |
| 团队意识 | 是否能相互协助<br>是否能顾全大局 | 10 | | | | |
| 工作态度 | 是否积极、认真、负责 | 10 | | | | |
| 现场5S | 是否在整个工作过程中贯穿5S | 10 | | | | |
| 方案设计 | 是否能结合具体的条件、环境进行合理的设计 | 10 | | | | |
| 操作过程 | 工具、设备、材料的准备是否充分<br>减震垫、隔音棉、地板胶、脚垫的安装是否符合规范 | 35 | | | | |
| 操作结果 | 质量是否符合要求 | 5 | | | | |
| 安全规范 | 有无违规或危险的操作 | 10 | | | | |
| 知识与能力拓展 | 是否具有自学与发展能力 | 10 | | | | |
| 总分 | | | | | | |
| 教师签名 | | | | | | |

（2）在实施作业过程中，有哪些需要注意和总结的事项？

# 任务三　选装内饰精品

**任务目标**

(1) 明确汽车车内装饰的原则；
(2) 了解汽车车内精品装饰的主要项目；
(3) 了解汽车香品的种类及选用原则；
(4) 正确使用相关的工具和设备；
(5) 汽车车内精品的装饰工作符合安全规范。

**任务描述**

为了提升汽车内部的装饰及使用效果，罗女士希望对汽车内部进行装饰。你作为汽车美容装饰店的专业人员，请为罗女士介绍一下车内精品装饰的相关知识，并根据要求进行相关项目的装饰工作。

## 一、资料收集

**引导问题1　汽车车内装饰的主要原则是什么？**

汽车车内装饰项目很多，在装饰爱车时必须遵循以下5项基本原则。

1. 安全

主要是指车内饰物不得影响行车安全，如车内顶部吊物不宜过长、过大、过重，后挡风玻璃上的饰物不要影响倒车视线等。

2. 实用

在选择一些能充分体现个性的、精巧的或美观的饰品时，尽可能根据车内空间的大小选用实用的饰物，如茶杯架、香水瓶、储物盒等。

3. 整洁

车内所有装饰物品应做到干净、卫生，摆放有序。车内整洁、空气清新、无污物，会给人一种轻松、舒适的感觉。

4. 协调

装饰材料的颜色必须和汽车的颜色相协调，不可盲目追求高品位、高价位，以免弄巧成拙。比如浅色车的汽车内饰改装应尽可能地避免配以深色的座套及红色的地毯等，否则容易给人一种不协调的感觉。

5. 舒适

车内装饰物的色彩和质感，要符合车主的审美观。这是因为只有舒适的环境才会给车主和乘员带来舒畅的心情和轻松的感受,安全行车才会有良好的保障。

**引导问题2　汽车车内精品装饰主要有哪些项目?**

汽车车内精品装饰项目繁多,而现代流行的主要装饰项目有:

1. 汽车香品

由于汽车内部通风条件较差,橡胶、皮革等材料散发出的难闻气味难以消除,驾乘人员长期处于此种环境下,不光会影响身心健康,严重的还会影响行车安全。汽车香品不但具有消除车内异味、杀灭细菌、净化空气、营造温馨舒适环境的功能,还具有提神醒脑、使驾驶员保持较好状态的作用,如图5-3-1所示。

2. 汽车空气净化器

汽车内部大都存在甲醛或苯含量超标的问题,特别是新车车内空气质量更差,对人体危害极大。汽车空气净化器能释放出富含氧气的自然清新的健康空气,能有效除去各种有害物质,消除汽车里面的细菌、有害气体、粉尘等,如图5-3-2所示。

图5-3-1　汽车香品　　　　　　图5-3-2　汽车空气净化器

3. 安全带套

原厂安全带套一般比较窄,在使用时有一种不适感,而通过加装安全带套,可以提高舒适性,同时还具有美观、装饰作用,如图5-3-3所示。

4. 置物袋

置物袋可以用来放置各种物品,不但使车内物品摆放有序,还具有很好的美观装饰作用,如图5-3-4所示。

5. 方向盘套

在方向盘上装上方向盘套,不仅美观,而且可以防滑,如图5-3-5所示。

6. 手机座

车载手机座主要是用于行车时放置手机。部分手机座具有蓝牙免提功能和充电功能，如图 5-3-6 所示。

图 5-3-3　安全带套

图 5-3-4　置物袋

图 5-3-5　方向盘套

图 5-3-6　手机座

7. 眼镜夹

眼镜夹可以用来固定眼镜及一些票据等物品，如图 5-3-7 所示。

8. 车载小冰箱

这种小冰箱使用方便，可以用来临时存放蔬菜、水果、饮料等，如图 5-3-8 所示。

图 5-3-7　眼镜夹

图 5-3-8　车载冰箱

**引导问题3　汽车香品有哪些种类，如何加以选择？**

1. 汽车香品的种类

汽车香品种类繁多，形状各异。按香品形态分，有气雾型、液态型和固体型3种；按使用方式来划分，主要有喷雾型和自然挥发型两种。

气雾型汽车香品主要由香精、溶剂和喷射剂组成，可分为干雾型和湿雾型等多种。这种香品内还含有除菌消臭剂，可以覆盖车内某些特殊异味，如烟草味、鱼腥味或小动物体味等。

液体型香品由香精与挥发性溶剂混合而成。这类香品使用得比较普遍，是车用香品中比较常见的品种。盛放液体香品的容器一般被做成具有很好装饰效果的形状。容器内的香水挥发完后，还可以补充。

固体型香品主要是将香精与一些材料混合，然后压制成各种造型，如制成鲜花状的香花、香味陶艺艺术台座等，也可将其制成香珠，并存放在香珠盒内，垂挂在汽车空调出风口处。

2. 汽车香品的选用

选购车用香品时，应根据车辆、季节及车主性别、性格、爱好等因素合理选用。

（1）根据车辆状况选用：对于不同级别的车辆，在选用香品时首先要看其颜色及包装品的造型是否与汽车外观、造型、车饰等相互和谐。如香品选用适当，则会构成车室的整体美；如选用不当，则会感到很不协调。

（2）根据季节选用：在不同的季节应选用不同的香品。在寒冷或炎热的冬夏，如果车内经常开空调，则应选用具有较强挥发性的车用香品，以便有效地去除空调的异味；而在冷暖适宜的春、秋季，则可以挑选自己喜爱的香型。

（3）根据性别选用：车主的性别及爱好不同所选香品有很大差异。大多数女性比较喜欢各种清甜的水果香及淡雅的花香型香品。动物造型的车用香品，因其活泼可爱，也受到很多女性的喜爱。大多数男性车主在选择香品时喜欢外观造型简单、香味古朴的类型，如淡雅的古龙香、琉璃香、龙涎香等车用香品。造型过于夸张、色彩过于艳丽的香品，往往使人感到不舒适，一般不受欢迎。在外观上，木纹、皮革等样式比较适宜。

（4）根据性格选用：根据车主的不同性格选用不同的香品。对于**性格急躁**的车主，为使驾驶时保持平静的心态，应选用具有镇静功效的车用香品，如清凉的药草香型、宁静的琥珀香型等。对于喜欢开快车的车主，应选用凝胶型等固体香品。对于习惯吸烟的车主应选用浓烈的药草香、清新的绿茶香、甜润的苹果香等，可以有效地去除烟草中的刺激气味。

## 二、任务实施

**引导问题4　装饰汽车车内精品前需要做哪些准备工作？**

1. 工具的准备

根据汽车车内精品的装饰项目不同，所需工具也不同。常用工具包括剪刀、起子、扳手等。

2. 材料的准备

（1）汽车空气净化器。

汽车空气净化器主要有以下几种类型。

① 滤网型车载空气净化器。

滤网型车载空气净化器可以有效净化汽车内的灰尘、甲醛、苯、细菌等有害物质，但是滤网型车载空气净化器只对被动吸入的空气进行净化。车载空气净化器受功率的限制，一般没有足够的风机动力，无法主动地将车内的空气吸入而对其净化。因此，滤网型车载空气净化器的净化能力也受到限制。

② 静电集尘型车载空气净化器。

静电集尘型车载空气净化器，只有与其他器材配合，才能达到高效的净化效果。这是因为静电集尘型车载空气净化器并不能完全吸附并消除异味，也无法完全分解有毒化学气体；同时，其净化效果和净化效率会随着悬浮微粒的累积增加而递减，需要经常清洗集尘板，以恢复其效果与效率，故维护成本较高。

③ 臭氧车载空气净化器。

臭氧车载空气净化器的工作原理是用产生的臭氧净化车内空气，以达到改善车内空气质量的效果。虽然臭氧对细菌有一定的效果，特别是对胺、烟碱、细菌等的净化或杀灭效果明显，但在使用此类型车载空气净化器时，要适当注意车厢内臭氧的浓度，因为臭氧浓度过高，会产生二次污染，对人体健康产生危害。

④ 净离子群车载空气净化器。

净离子群车载空气净化器使用净离子群发生器喷洒出独特、安全的净离子群，去除甲醛、苯、细菌、异味以及过敏源等。

（2）其他材料。

需要准备的其他材料有汽车香品、汽车方向盘套等。

**引导问题5　怎样装饰汽车车内精品？**

1. 车内香品的安装

（1）将香水瓶盖拧开，如图5-3-9所示。

（2）取出瓶子里面的防漏棉签。

（3）将香水慢慢倒进香水瓶。注意不要倒得太满，如图5-3-10所示。

（4）将仪表台上要放置香水瓶的位置擦拭干净。

（5）用双面胶将香水瓶固定在合适的位置。注意不要影响行车视线。

图5-3-9 拧开瓶盖　　　　　　图5-3-10 注入香水

2. 汽车空气净化器

（1）检查空气净化器部件是否齐全，是否与所安装的车型配套。如所选车载空气净化器为某品牌奥迪A4中央扶手型空气净化器，所以只能将其安装在相应的车型上，如图5-3-11所示。

（2）用工具小心地将原车中央扶手箱盖面板拆掉，如图5-3-12所示。

（3）再按照产品说明将扶手型空气净化器安装好，如图5-3-13所示。

（4）将空气净化器的电源线与点烟器连接，如图5-3-14所示。

图5-3-11 扶手型空气净化器　　图5-3-12 拆卸原车中央扶手箱面板

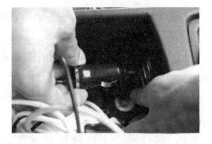

图5-3-13 安装空气净化器　　　图5-3-14 连接电源线

（5）打开空气净化器的启动按钮，如图5-3-15所示。空气净化器刚刚开始工作时红色显示灯会点亮，而当红灯变绿灯时，表示车内PM2.5空气质量降低到合格标准，如图5-3-16所示。

（6）检查并整理空气净化器。至此已完成安装。

图5-3-15 启动净化器　　　图5-3-16 空气净化器指示灯

3. 汽车方向盘套安装方法

（1）将方向盘套上端置于方向盘顶部，如图5-3-17所示。

（2）用双手从上往下逐步将方向盘套套入，如图5-3-18所示。

（3）到下部时用力拉紧方向盘套，将盘套下沿扣入方向盘，如图5-3-19所示。

（4）检查并调整好方向盘套的位置，保证贴合牢固不滑动。至此已完成盘套的安装。

图5-3-17 上部安装　　　图5-3-18 中部安装　　　图5-3-19 下部安装

# 三、知识与能力拓展

**引导问题6** 汽车内装桃木有什么作用，主要用于车内哪些部位？

汽车桃木装饰是汽车内装饰的一种。作为一种品位和身份的象征，桃木内饰现在已经成为越来越多高档车的必备品。装桃木内饰不仅是一种含蓄的象征和表达，同时也是一种追求个性的需要。

桃木内饰分为木质材料和仿木质材料。木质材料一般是指胡桃木和花梨木，多用胡桃木，因为这些木材的优点是纹理优美、坚韧，不会变形，多用于高档轿车。仿木质材料是一种塑料用品。中、低档轿车在桃木内饰上使用该种材料。

桃木内饰主要镶嵌在仪表板（图5-3-20）、中控板（图5-3-21）、排挡、门扶手（图5-3-22）、方向盘（图5-3-23）等地方。

图 5-3-20 仪表盘上的桃木

图 5-3-21 中控板上的桃木

图 5-3-22 门扶手上的桃木

图 5-3-23 方向盘上的桃木

## 四、评价与反馈

(1) 对本学习任务进行评价,如表 5-3-1 所示。

表 5-3-1 汽车车内精品的装饰操作考核评价表

| 考核项目 | 评分标准 | 分数 | 学生自评 | 小组互评 | 教师评价 | 备注 |
|---|---|---|---|---|---|---|
| 团队意识 | 是否能相互协助<br>是否能顾全大局 | 10 | | | | |
| 工作态度 | 是否积极、认真、负责 | 10 | | | | |
| 现场 5S | 是否在整个工作过程中贯穿 5S | 10 | | | | |
| 方案设计 | 是否能结合具体的条件、环境进行合理的设计 | 10 | | | | |
| 操作过程 | 工具、设备、材料的准备<br>空气净化器、汽车香品、汽车方向盘套的安装是否符合规范 | 35 | | | | |
| 操作结果 | 质量是否符合要求 | 5 | | | | |
| 安全规范 | 有无违规或危险的操作 | 10 | | | | |
| 知识与能力拓展 | 是否具有自学与发展能力 | 10 | | | | |
| | 总分 | | | | | |
| 教师签名 | | | | | | |

(2) 在实施作业过程中，有哪些需要注意和总结的事项？

# 任务四　安装汽车太阳膜

**任务目标**

(1) 明确汽车太阳膜的作用和种类；
(2) 掌握选择、鉴定太阳膜的方法；
(3) 正确使用、维护相关的工具和设备；
(4) 汽车太阳膜的安装工作符合安全规范。

**任务描述**

李先生7月份刚刚买了一辆汽车，在路上行驶时感觉光线太刺眼，而且车内温度很高，于是想为全车玻璃贴一层太阳膜。你作为汽车美容店的技术人员，请根据李先生的要求，遵照安全规范完成汽车太阳膜的安装工作。

## 一、资料收集

**引导问题1　太阳膜的作用及种类有哪些？**

自汽车防爆太阳膜进入我国汽车美容市场后，由于其卓越的性能，受到了爱车一族及业内人士的青睐。其主要功能如表5-4-1所示。

表5-4-1　太阳膜的作用

| 序号 | 功能 | 说明 |
|---|---|---|
| 1 | 改变色调 | 五颜六色的车膜可以改变车窗玻璃的单一色调，给汽车增加美感 |
| 2 | 隔热降温 | 车膜可以减小光线照射强度，降低车内温度，起到隔热作用 |
| 3 | 防止爆裂 | 可以防止玻璃爆裂后的飞散，避免对司乘人员造成伤害，提高汽车的安全性 |
| 4 | 保护肌肤 | 车膜能有效阻挡紫外线对人体肌肤的侵害，起到保护作用 |
| 5 | 单向透视 | 车膜具有单向透视性，可以遮挡来自车外的视线，保证乘车的隐秘性 |

汽车太阳膜种类有很多，按颜色不同有自然色、浅绿色、银色、茶色、黑色、蓝色、金色等，按等级不同可以分为普通太阳膜、防晒太阳膜、防爆隔热膜等。它们的区别如表5-4-2所示。

表 5-4-2 太阳膜的种类及其特点

| 序号 | 品种 | 性能特点 |
|---|---|---|
| 1 | 普通太阳膜 | 它是一种染色膜,不含金属成分,只能降低透光度,没有隔热效果,耐磨性较差,容易褪色 |
| 2 | 防晒太阳膜 | 它是一种半反光纸,表面镀有一层高反射的蒸发铝,隔热效率为20%~40%,容易被氧化,一般使用一两年后会氧化变质 |
| 3 | 防爆隔热膜 | 它具有耐磨、半反光和防爆的功能,隔热率可以达到50%以上,是目前汽车用太阳膜的主流 |

**引导问题 2** 如何选择太阳膜?

优质太阳膜应具备以下性能:

1. 清晰

清晰性能直接关系到行车安全。无论太阳膜颜色深浅,都要求视野清晰,不模糊、不炫目,在夜间能清楚地看到 60 m 以外的物体。优质太阳膜的清晰性能指标为:透光率不小于 70%,遮光率为 59% 以上。

2. 隔热

隔热率是体现太阳膜质量的重要指标。优质太阳膜的隔热率不低于 50%(更高的可达 70% 以上),高透光,能有效降低室内温度,降低空调负荷,节省燃油。

3. 防爆

防爆性能指在汽车发生意外事故时,不会发生玻璃飞溅而造成人身伤害。优质太阳膜的结构中必须设有防爆基层,当风窗或门窗玻璃爆裂时能有效地防止碎片飞散。这也是汽车太阳膜的一个重要性能。一般在满足防爆要求的前提下,太阳膜越薄越好。膜片越薄,清晰度越高。

4. 隔紫外线

优质汽车太阳膜的紫外线隔断率必须达到 98% 以上,能有效防止人体肌肤被紫外线照射而受到伤害,同时避免汽车内饰、仪器仪表等被晒坏、褪色及老化,延长其使用寿命;而劣质太阳膜很多没有这一指标,或者远低于 98%。

5. 耐磨

优质太阳膜的表面都有一层防划伤层,在正常使用情况下能保护防爆太阳膜面不易被划伤;而劣质防爆太阳膜在施工或使用一段时间后,膜面容易出现一道道划痕,使防爆太阳膜面不清晰,影响安全和美观。

**引导问题 3** 如何鉴别太阳膜的好坏?

市面上出售的太阳膜品牌种类繁多,质量差异很大。一般普通太阳膜的使用期在 2 年左右,而优质的防爆太阳膜的使用期则在 5 年以上。车用太阳膜的常用鉴别方法如下：

1. 查

查阅相关资料及证书。一看所选太阳膜与优质太阳膜各项性能指标上的差异。如果各项指标性能过低，则为劣质太阳膜。二看各项证书是否齐全。正规产品都有官方的检测报告，有经过公证的授权证书。如果是进口产品，则还要有进口报关证、完税证明等。

2. 看

（1）看透过率。不论太阳膜的颜色深浅，在夜间的可视距离都要确保在 60 m 以上。劣质太阳膜会有雾蒙蒙、不清晰的感觉。

（2）看颜色。防爆隔热膜通常采用本体渗染和溅射金属着色的方法给膜染上颜色，是一种高科技产品，不易变色，在粘贴过程中不会发生褪色。劣质太阳膜大多采用黏胶着色法来着色。这种膜不耐晒，很容易褪色。

（3）看气泡。撕开太阳膜的塑料内衬后再重新合上，优质车膜合上后完好如初，而劣质太阳膜则容易起气泡。

3. 摸

优质太阳膜手感厚实平滑，而劣质太阳膜手感薄而脆。

4. 试

对于隔热性能可以通过一个简单的测试方法来做比较。在一个碘钨灯上放一块贴着太阳膜的玻璃，用手感觉不到一丝热的是优质太阳膜，而立即有烫手感觉的则是隔热性较差的劣质太阳膜。

## 二、任务实施

**引导问题4　安装汽车太阳膜前需要做哪些准备工作？**

1. 工具、设备的准备

（1）无尘贴膜间。

在给汽车玻璃贴膜的过程中，不能有任何的疵点和杂物颗粒，因此专业安装人员必须在无尘贴膜间内施工。无尘间不仅仅有一个与外界隔离的封闭玻璃门，内部还应设有水雾喷淋头和空调，以达到空气除尘作用。整个地面铺有钢格板。钢格板下面有排水地沟。墙面刷上专用涂料。这些都有助于降尘，如图 5-4-1 所示。

（2）专用贴膜刮板。

材质粗糙的非专用工具功能模糊，往往一物多用，不能把水分挤干净，会留下水泡、气泡，更可能会刮伤太阳膜，甚至刮伤玻璃。专业的贴膜工具分类清晰，外形精致，易于辨认，如图 5-4-2 所示。

图 5-4-1　专业贴膜间　　图 5-4-2　贴膜刮板及其他常用工具

（3）水壶。

水壶用来喷水或均匀喷洒清洁液、安装液。

（4）其他工具。

需要用到的其他工具包括热风枪、剪刀、裁膜刀等。

2. 主要材料的准备

（1）清洁液。

主要是去除玻璃上的油脂、污渍、灰尘等，可以选用玻璃专业清洁液。

（2）安装液。

专用安装液属于多种物质合成的中性润滑产品，具有较强的清洁力、润滑性，里面含有抗氧化剂和抗静电剂，可以保护隔热膜不受空气的氧化，不易沾染灰尘。温和配方既不会伤害人体，也不会腐蚀太阳膜表面镀层，能使贴膜长时间不变色、不褪色，不产生氧化脱落等副作用，具有纯净无尘、高度润滑、快干、无残留、不变色、不眩光、无色无味等优点。

（3）其他材料。

需要用到的其他材料有太阳膜、毛巾、麂皮、擦拭布等。

**引导问题 5　怎样安装汽车太阳膜？**

汽车防爆太阳膜的施工要求较高，必须按规范工序进行。其基本步骤如下：

1. 清洗车表

为了避免车身外部的灰尘影响施工质量，贴膜前应该先将汽车里外清洗干净，然后使用专门的玻璃清洁剂，彻底清除玻璃外表面上附着的污物，如图 5-4-3 所示。

2. 轮廓裁剪

在车窗玻璃外表面上喷洒少量的窗膜安装液，把太阳膜覆盖其上，剥离膜朝外，小心地滑动定位后，开始沿边框四周裁剪窗膜的大小，如图 5-4-4 所示。

对于常见车型，也可以制作或配备一些车窗玻璃样板，每次施工时直接根据相应车窗样板进行裁剪即可。

图 5-4-3　车表清洁　　　　　　　图 5-4-4　轮廓裁剪

3. 热定形

由于车窗玻璃一般都是弧形曲面，妨碍窗膜在玻璃上铺平，故这种现象被称为皱褶。可采用便携热枪把太阳膜精确地收缩定形于大部分车窗的复合曲面上，消除在曲面上出现的皱褶，使太阳膜外观更平顺，如图 5-4-5 所示。

热定形应在粘贴之前进行，是一道重要的工序。前、后风窗玻璃贴太阳膜时应采用整张铺贴和干法热定形工艺。如果采用与车窗玻璃一样的湿贴，则很容易导致玻璃受热不均，热应力不同，造成现场或贴膜后几天内玻璃破碎。

4. 玻璃内表面清洗

当裁剪和热定形完成后，玻璃的内表面必须采用液体清洗剂清洗处理。可用铲刀刮铲污物，再用尼龙软擦片擦洗油迹，用软布和擦洗纸把边框擦干净，恢复玻璃表面的干净状态，如图 5-4-6 所示。

清洁玻璃内表面时一定要保护好汽车内饰、汽车电器等，避免刮花、磕伤、受潮等。

图 5-4-5　热定形　　　　　　　图 5-4-6　清洗玻璃内表面

5. 剥离保护膜

玻璃清洗完毕后，撕去太阳膜的保护膜，用安装液喷洒暴露的安装胶，使胶临时失去黏性；同时在玻璃内表面也同样喷洒安装液，让太阳膜能在干净的玻璃内表面平稳地滑动。

6. 太阳膜的铺贴

随着保护膜的剥离,并将安装液喷洒在玻璃与太阳膜的黏胶层上之后,将太阳膜小心地滑移到位。

7. 挤水工艺

太阳膜滑移到位后,应立即在太阳膜表面上再次喷洒安装液,润滑需挤水的表面。使用专用的挤水工具可以排除所有"气泡"和尽可能多的安装液,如图5-4-7所示。在几天后驻留的水分会慢慢地透过窗膜而排除。太阳膜干燥的时间依赖于气候、湿度、太阳膜的结构和挤水后残留水分的多少。

8. 检查边部,密封边缘

检查太阳膜的所有边缘,并用特氟龙硬片(或其他同系列工具)挤封。所有边缘都必须挤封,以免在固化期间空气、水分、灰尘从边部渗入太阳膜底下。挤封工具的边部用薄吸水材料(纸巾或棉布)包覆,以吸挤出的水分。

9. 清洁检查

安装工作完成后,仔细地擦洗所有的车窗玻璃(内表面和外表面),去除条纹水迹和污迹。

检查太阳膜的外观,确保其外观达到以下要求:

(1) 在膜内不应存在疵点和杂物,且膜面不能有折痕、气泡、划伤。

(2) 应该覆盖玻璃边框的黑色釉点区,不漏光,不翘边,美观协调。

(3) 不应该存在因挤水用力不均匀和挤水路径无规则而产生的视觉重影、水痕。

最终效果如图5-4-8所示。

图5-4-7 挤水工艺

图5-4-8 太阳膜贴护后的效果

10. 移交

在日光下检查,确保无缺陷后,准备将汽车提交给客户,并向客户解释基本的保养和维护事项。

一般在粘贴太阳膜2~3天内,不要升降车窗,在5~7天内,不要用水清洗车窗,不要开启除雾开关,让太阳膜在一周内保持干燥。

## 三、评价与反馈

（1）对本学习任务进行评价，如表 5-4-3 所示。

表 5-4-3　汽车太阳膜安装操作考核评价表

| 考核项目 | 评分标准 | 分数 | 学生自评 | 小组互评 | 教师评价 | 备注 |
|---|---|---|---|---|---|---|
| 团队意识 | 是否能相互协助<br>是否能顾全大局 | 10 | | | | |
| 工作态度 | 是否积极、认真、负责 | 10 | | | | |
| 现场5S | 是否在整个工作过程中贯穿5S | 10 | | | | |
| 方案设计 | 是否能结合具体的条件、环境进行合理的设计 | 10 | | | | |
| 操作过程 | 工具、设备、材料的准备是否充分<br>汽车太阳膜的安装是否规范 | 35 | | | | |
| 操作结果 | 质量是否符合要求 | 5 | | | | |
| 安全规范 | 有无违规或危险的操作 | 10 | | | | |
| 知识与能力拓展 | 是否具有自学与发展能力 | 10 | | | | |
| 总分 | | | | | | |
| 教师签名 | | | | | | |

（2）在实施作业过程中，有哪些需要注意和总结的事项？

# 任务五　安装汽车防盗装置

任务目标

（1）了解汽车防盗装置的种类；
（2）掌握汽车防盗装置的安装注意事项；
（3）正确使用、维护相关的工具和设备；
（4）汽车防盗装置的安装工作符合安全规范。

任务描述

李先生为了安全，考虑在车内加装汽车防盗装置。你作为汽车美容装饰店的技术人员，请根据李先生的要求，遵照安全规范完成汽车防盗装置的安装工作。

# 一、资料收集

**引导问题1　汽车防盗装置的种类有哪些?**

目前汽车防盗装置种类繁多,按其结构与功能可分为四大类:机械式、电子式、芯片式和网络式。各种类型的汽车防盗装置各有其特点,但汽车防盗的发展方向是向智能程度更高的芯片式和网络式发展。

1. 机械式汽车防盗装置

机械式防盗装置主要采用的是金属材料制作的各种防盗锁具,包括转向柱锁、转向盘锁(图5-5-1)、变速杆锁、踏板锁(离合器踏板锁、制动踏板锁)、车轮锁等。通过这些防盗锁锁住汽车的操纵部件,使窃贼无法将汽车开走。该防盗装置的优点是安装简便,价格便宜;缺点是不能报警。

2. 电子式汽车防盗装置

电子式汽车防盗装置也称微电脑防盗装置,主要有插片式、按键式、遥控式等种类。该防盗装置通过电子设备控制汽车的起动、点火等电路。当整个系统开启之后,如果有非法移动汽车、开启车门、油箱门、发动机盖、行李舱盖,接通点火线路时,防盗装置立刻发出警报,同时切断起动电路、点火电路、喷油电路、供油电路,甚至切断自动变速器电路,使汽车处于完全瘫痪状态,从而达到防盗的目的。该防盗装置安装隐蔽,功能齐全,无线遥控,操作简便,是目前中、高档轿车上广泛使用的防盗装置,如图5-5-2所示。

图5-5-1　机械式转向盘锁

图5-5-2　电子式汽车防盗器

3. 芯片式数码防盗装置

芯片式数码防盗装置的基本原理是锁住汽车的发动机、电路和油路,在没有芯片钥匙的情况下无法启动车辆。数字化的密码重码率极低,而且只有用密码钥匙接触车上的密码锁才能开锁,从而杜绝了被扫描的可能。芯片式数码防盗器是现在汽车防盗器发展的重点。大多数轿车均采用这种防盗方式作为原配防盗器,如图5-5-3所示。

4. 网络式汽车防盗装置

网络式汽车防盗装置是指通过网络实现汽车的开、关门,起动电动机，截停汽车，给汽车定位，以及车辆根据车主的要求提供远程车况报告等功能。网络防盗突破了距离的限制。目前主要使用的网络有无线网络（BB机网络）和卫星定位跟踪系统（简称GPS）。其中，应用最广的就是GPS。

GPS卫星定位汽车防盗系统主要靠锁定点火或起动达到防盗的目的，同时还可通过GPS卫星定位系统，将报警信息和报警车辆所在位置无声地传送到报警中心。GPS防盗器的功能非常多，不仅可以在全国范围内实时监测车辆位置，还可以通过车载移动电话监听车内声音，必要时可以通过手机关闭车辆油路、电路并锁死所有门窗。如果GPS防盗器被非法拆卸，它会自己发出报警信息。

GPS防盗系统（图5-5-4）的技术含量高，价格昂贵，只有在没有盲区的网络支持下才能工作，更主要的是需要政府配合公安部门设立监控中心。随着智能交通（ITS）和通信技术的发展、成熟，该技术必将被广泛应用在汽车领域。

图5-5-3 芯片式密码防盗钥匙

图5-5-4 GPS防盗系统

**引导问题2　安装汽车防盗装置时需要注意哪些方面？**

防盗器的性能和功能主要由3个因素决定：防盗器产品质量、安装方法及正确使用。

防盗器的安装质量与防盗器产品质量同样重要。安装不当会造成防盗器部分功能失灵，使用中易出现故障。安装过程中接错线路还会造成原车**电路损坏**。有经验的防盗器安装技师不仅对防盗器知识有全面的认识，而且对汽车电路也非常熟悉和了解。他们判断汽车电路不是靠死记硬背，而是靠电路理论知识。在安装时选择有经验的安装技师，是防盗器性能和品质的保障。下面以电子式防盗装置为例，介绍安装注意事项。

1．安装前仔细检查原车电路

（1）中控锁电路：用原车钥匙（或中控锁开关）开启/关闭左前车门，观察所有车门是否在同一时间内开启/关闭。目的是防止原车各门锁电路或机械结构出现故障。

（2）车门开关：分别打开各车门，检查所有车门检测开关是否接触正常；分别打开车门时，观察车顶灯是否正常亮起。目前大多数车型顶灯带有延时熄灭功能，检查时须等顶灯熄灭后，再依次打开其他车门。检查门开关是否损坏、漏电、接触不良等，防止装防盗器后出现误报警。

（3）启动电路：将车钥匙旋转到"ON"位置，观察仪表盘内各指示灯点亮情况（如气囊、充电、发动机故障灯、ABS等）。然后正常启动车辆，再观察各指示灯熄灭情况有无异常，避免因安装防盗器后车辆出现异常而与车主发生纠纷。

（4）转向灯电路：将钥匙转到"ON"位置，分别打开左、右转向灯开关，观察左、右闪光灯频率（速度）是否一样（打开紧急双闪灯开关也可对转向灯电路进行检查）。

2. 安装中的配线注意事项

找出适合安装主机的位置（空调冷气出风口除外）。有条件时带上工作手套，防止弄脏车内装饰。

（1）中控锁线路部分连接，因车型不同而导致触发方式差别较大。如：通用、丰田、三菱等系列车型，中控锁控制部分主要采用负触发方式；上海大众车采用双电位负触发，而一汽大众则采用的是单线触发方式。在与防盗器中控锁配线连接前，先确认原车中控触发方式，最好采用和原车信号对接，尽量少采用正电回路接法。

（2）连接门开关检测线时一定要接顶灯控制总线（四门总线），不要将其接在左前门开关线上。这是因为主门开关线和其他门开关线是加有二极管分离开的，相互不连通，避免装防盗后在设定警戒时，出现开后门不报警现象。

（3）连接断电器前一定要先确认点火线、燃油泵控制线和起动线，再选择断开哪一路（断起动线时没有防抢功能）。防盗主机输入"ON"线要对接在断开电路上端，也可单独接车钥匙在"ON"位置时有12 V电压的线上。

（4）电源负极线最好与原车接地连接，而电源正极线应在其他配线连接好后最后连接。所有配线一定要用绝缘胶布包扎牢固。主机天线位置与遥控距离有很大关系，一定要严格按说明书上的要求进行安装，否则会影响遥控和接收距离。安装报警喇叭时要远离发动机排气管高温处，以免损坏。

3. 安装后的功能测试

（1）将防盗器主机所有配线连接好之后，要先进行调试，再装上装饰板。检查各配线插头是否与主机插座接触紧固，有无松动现象。将车钥匙旋到"ON"位置，踏刹车时，中控锁应自动上锁；将车钥匙旋到"OFF"位置时，中控锁会开启。然后分别依次打开各车门，此时转向灯应会双闪（对于部分型号的防盗器，将钥匙旋到"ON"位置时打开车门后转向灯才会双闪）。

（2）关好所有车门，用遥控器设定防盗 10 秒后，震动车辆防盗器时应立刻发出报警声音。

震动感应器的灵敏度大小，可根据安装车型大小适量调整。在安装时，应将感应器粘贴在车体金属结构部位，否则会影响震动感应器的性能。

（3）全部功能测试完成后，应向车主简单讲解常用功能及操作方法，包括遥控和接收的大约距离，遥控器的电池使用时间，紧急解除开关的功能使用等。

## 二、任务实施

**引导问题 3　安装汽车防盗装置前需要做哪些准备工作？**

### 1. 工具的准备

安装汽车防盗装置时需要用到的主要工具、设备包括万用表、剥线钳、测电笔、螺丝刀、工具刀以及其他一些拆车工具（具体视车型而定）。

### 2. 材料的准备

（1）汽车防盗器。

汽车防盗装置产品丰富，每个产品的功能、样式及安装方法各异，在选择时一定要根据车主的需要选择合适的产品。如某品牌的 8008GSM 远程汽车防盗报警系统具有如图 5-5-5 所示功能。

图 5-5-5　某品牌 8008GSM 远程汽车防盗报警系统及功能介绍

（2）其他材料。

需要准备的其他材料包括绝缘胶布、双面胶、扎带等。

**引导问题 4　怎样安装汽车防盗装置？**

汽车防盗器的安装方法因汽车型号、防盗器型号不同，安装方法也不同。下面我们以某品牌 8008GSM 远程汽车防盗报警系统在本田飞度汽车上的安装为例，介绍网络式汽车防盗装置的安装步骤：

（1）检查防盗系统配件是否齐全，仔细阅读安装说明，如图 5-5-6 所示。

（2）取下门框胶条，拆掉 A 柱塑料盖板，如图 5-5-7 所示。

图5-5-6 远程防盗报警系统配件

图5-5-7 拆卸A柱盖板

(3) 拆掉方向盘下的维修盖,如图5-5-8所示。
(4) 拉住发动机盖开关,拆掉地毡压板,如图5-5-9所示。

图5-5-8 拆卸维修盖

图5-5-9 拆卸地毡

(5) 取出中控台底部盖板,如图5-5-10所示。
(6) 在发动机舱里安装报警语音喇叭。注意喇叭的固定方式和地线的连接位置。粉红色的喇叭线通过刹车踏板左侧的过线孔从发动机舱引入驾驶舱,如图5-5-11所示。

图5-5-10 拆卸中控台底部盖板

图5-5-11 安装报警喇叭

(7) 在车内后视镜旁安装爆闪灯,从A柱走线到中控台下,如图5-5-12所示。
(8) 在同样的地方安装麦克风,从A柱走线到中控台下,如图5-5-13所示。

图 5-5-12 安装爆闪灯

图 5-5-13 安装麦克风

（9）在方向盘下的杂物箱内安装通话语音喇叭，注意要和麦克风拉开距离并且不要相对，以免通话时产生回声，如图 5-5-14 所示。

（10）在车体左侧塑料盖板内安装震动传感器，并调好灵敏度，如图 5-5-15 所示。

图 5-5-14 安装通话语音喇叭

图 5-5-15 安装震动传感器

（11）在仪表台下找到合适位置，安装位移传感器。注意一定要水平安装，如图 5-5-16 所示。

（12）在仪表台左侧 A 柱下方安装 LED 警示灯。安装位置一定要让车外行人容易看到，以起到提示作用，如图 5-5-17 所示。

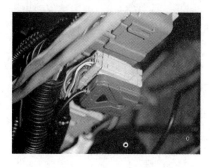
图 5-5-16 安装位移传感器

图 5-5-17 安装 LED 警示灯

（13）在方向盘上安装无线拨号手柄。可将拨号手柄安装在左手方向或右手方向，如图 5-5-18 所示。

(14) 连接主机前,将电源线束捆扎好,并用绝缘胶带缠好保险管,以防破损和意外搭接,如图 5-5-19 所示。

图 5-5-18 安装无线拨号手柄

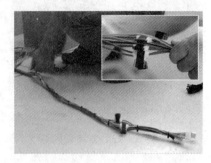
图 5-5-19 捆扎线束

(15) 在主机上安装好手机卡。GSM 手机卡在 8008 主机的安装位置和安装方法,如图 5-5-20 所示。

(16) 连接好 8008 主机的接线,如图 5-5-21 所示。

图 5-5-20 安装 GSM 手机卡

图 5-5-21 连接主机

(17) 将主机安装到刹车踏板下方的金属底板上,如图 5-5-22 所示。注意:不要影响到刹车动作。

(18) 安装完毕,盖好防火层和地毡,如图 5-5-23 所示。

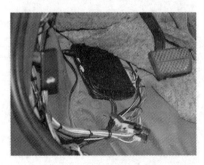
图 5-5-22 主机安装位置

图 5-5-23 还原地毡

(19) 把电源线束引到图 5-5-24 所示位置。

(20) 中控锁接线:正电回路。将防盗器中 6P 线组中黄色和黄黑色线接+12 V。将原车黄色、白黑色中控锁线剪断；将6P线组中橙色和橙黑色线接剪断的主机盒一端。具体接法为：橙色线接原车白黑色线，橙黑色线接原车黄色线，如图5-5-25所示。

图5-5-24 电源线安装位置

图5-5-25 中控锁接线

（21）产品主机上的白色和白黑色线接原车中控锁线被剪断的另一端，即通向原车电机方向的两根。具体接法为：原车白黑色线接产品主机上的白色线，原车的黄色线接产品主机上的白黑色线，如图5-5-26所示。

（22）把主机线组中两条棕色线连接到飞度车黄绿色和红绿色的两条转向灯线，如图5-5-27所示。

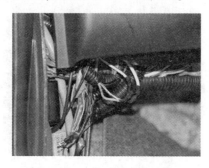
图5-5-26 主机接中控线

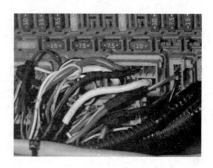
图5-5-27 主机接转向灯线

（23）把主机线组中白色线连接到原车黄黑色的ACC线上，如图5-5-28所示。

（24）把主机线组中橙色线连接到原车黑白色的脚刹线上，如图5-5-29所示。

图5-5-28 主机线接ACC线

图5-5-29 主机线接脚刹线

（25）把主机线组中红色电源正极线连接到飞度车白色的电瓶正极线，如图 5-5-30 所示。

（26）主机黄色线为继电器线圈负极回路控制线，与防起动继电器黄色线相连，继电器两条绿色线接原车白黑色起动线（原车白黑起动线需剪断后，接驳两条绿色线），如图 5-5-31 所示。

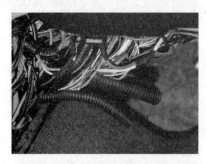 

图 5-5-30　主机线接电瓶线　　　图 5-5-31　主机线接继电器线

（27）把电源线组中黑色的地线连接到图 5-5-32 所示位置。

（28）在 A 柱内找到红绿色的原车边门线，把线组中蓝色的开门闪灯线接上，如图 5-5-33 所示。

图 5-5-32　主机黑色线的连接位置　　　图 5-5-33　开门闪灯线的连接

（29）接线完毕，还原所有内饰板，如图 5-5-34 所示。

（30）在设防状态下进行功能测试，如图 5-5-35 所示，看各功能是否正常。

图 5-5-34　还原所有内饰板　　　图 5-5-35　功能测试

（31）整理、清洁施工现场，并向车主讲解使用说明。至此已完成汽车防盗装置的安装。

## 三、知识与能力拓展

**引导问题 5** 如何改装汽车氙气大灯？

汽车氙气大灯是一种含有氙气的新型前大灯，又称高压气体放电灯，英文缩写为 HID（High Intensity Discharge Lamp）。目前一些高档轿车都使用这种新型前大灯。氙气大灯亮度强（如图 5-5-36 所示），发出的亮色调与太阳光比较接近，消耗功率低，可靠性高，不受车上电压波动影响。

氙气大灯有两种改装方法：

（1）将前大灯的卤素灯泡换成氙气灯泡（图 5-5-37）。对于这种方法，由于氙气灯泡与原卤素灯泡的大小、尺寸都不尽相同，发光部分必然偏离了焦点位置，从而使车灯出现不聚光，无正确的远光功能等现象，影响驾驶安全。因此，不建议用此方法。

（2）更换前大灯总成。这种改装方法主要采用原配套氙气前大灯，即氙气光源配合专门为其设计的配光镜和反射镜，因而成为一种理想的改装方法，但价格昂贵。

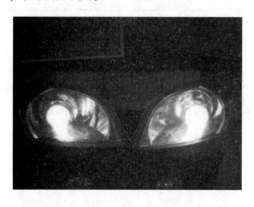
图 5-5-36 卤素灯泡与氙气大灯对比

图 5-5-37 氙气灯泡

## 四、评价与反馈

（1）对本学习任务进行评价，如表 5-5-1 所示。

表 5-5-1 汽车防盗装置的安装操作考核评价表

| 考核项目 | 评分标准 | 分数 | 学生自评 | 小组互评 | 教师评价 | 备注 |
|---|---|---|---|---|---|---|
| 团队意识 | 是否能相互协助<br>是否能顾全大局 | 10 | | | | |
| 工作态度 | 是否积极、认真、负责 | 10 | | | | |
| 现场 5S | 是否在整个工作过程中贯穿 5S | 10 | | | | |
| 方案设计 | 是否能结合具体的条件、环境进行合理的设计 | 10 | | | | |
| 操作过程 | 工具、设备、材料的准备是否充分<br>防盗器的安装是否规范 | 35 | | | | |
| 操作结果 | 质量是否符合要求 | 5 | | | | |
| 安全规范 | 有无违规或危险的操作 | 10 | | | | |
| 知识与能力拓展 | 是否具有自学与发展能力 | 10 | | | | |
| | 总分 | | | | | |
| 教师签名 | | | | | | |

（2）在实施作业过程中，有哪些需要注意和总结的事项？

# 任务六　安装车载多媒体导航系统

## 任务目标

（1）了解车载多媒体导航系统的功能；
（2）正确使用、维护相关的工具和设备；
（3）车载多媒体导航系统的安装工作符合安全规范。

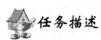
任务描述

李先生想将自己的汽车多媒体系统进行升级，在保持多媒体娱乐系统的情况下，增加导航、倒车影像等功能。你作为汽车美容店的技术人员，请根据李先生的要求，遵照安全规范完成车载多媒体导航仪的安装工作。

# 一、资料收集

**引导问题1　什么是汽车车载多媒体导航系统？**

汽车车载多媒体导航系统是嵌入在汽车里，能够对声音、图像、视频等多媒体信息进行综合处理，同时融合卫星定位、地理信息、智能导航、手持娱乐、多媒体技术的全新一代 GPS 导航系统。这类系统具有强大的智能导航、信息处理、移动影音、人机交互的显著特点。

**引导问题2　汽车车载多媒体导航系统具有哪些功能？**

一般的汽车车载多媒体导航系统具有以下功能：

1. 导航定位功能

高分辨率触摸屏能显示 3D 实景地图，能及时更新地图信息及相关服务信息，支持各种安全提示（如超速、红绿灯、电子眼等），能自动规划路径，能进行精确定位，保证行车畅通安全。

2. 多媒体娱乐功能

支持多种视频、音乐、图片格式播放，支持 FM/AM 收音功能，支持 CMMB 数字电视功能，支持触摸控制。其强大的娱乐功能给处在枯燥的行车过程中的驾驶者带来丰富的多元化娱乐享受。

3. 倒车影像功能

支持倒车影像可视，解决车主倒车难题，避免擦车等烦恼。

4. 蓝牙免提功能

内置蓝牙免提装置，实现行车过程中一键通话功能，让驾驶者在行车过程中专注于驾驶，在确保安全行车的同时也能通话。

5. 上网功能

有的系统还支持 3G/4G 上网功能，能实现网页浏览、下载、游戏、通信等多种功能。

6. 支持扩展功能

预留 SD/USB 接口，支持 SD/USB/硬盘等大容量网络多媒体资源载入，更多娱乐唾手可得，体验车载导航系统带来的愉悦生活。

# 二、任务实施

**引导问题3　安装汽车车载多媒体导航系统前需要做哪些准备工作？**

1. 工具的准备

安装汽车车载多媒体导航系统时常用的工具主要有螺丝刀、拆饰板套件、塑料胶刀、斜口钳等。

2. 材料的准备

（1）汽车车载多媒体导航系统。

汽车车载多媒体导航系统产品丰富。每个产品的功能、样式及安装方法各异。在选择安装时一定要仔细阅读说明书,避免产品不匹配造成的损坏。如东风标致 508 车载多媒体导航系统主要是为东风标致 508 车型开发设计的,属于专用型,主要包括如表 5-6-1 所示部件。

表 5-6-1　东风标致 508 车载多媒体导航系统装箱清单

| 序号 | 规格名称 | 数量 | 零件位置和图号 |
| --- | --- | --- | --- |
| 1 | Monitor 本机 | 1 | |
| 2 | Mic 本机 | 1 | |
| 3 | 螺母 弹片螺母 M5-13.5×11 | 4 | FOR 后壳与车体 |
| 4 | 螺丝 M5×12 十字槽六角头带不脱落垫圈(镀白锌)无铅 | 4 | FOR 后壳与车体 |
| 5 | 螺丝 M5×6 十字槽六角头带不脱落垫圈(镀白锌)无铅 | 4 | 4 颗 for box 固定支架 |
| 6 | W2 系统线束 | 1 | |
| 7 | Camera 延长线 | 1 | |
| 8 | 牌照式 摄像头(一谷)规格:***** | 1 | |
| 9 | GPS 天线固定 3M 胶 UR0897-08 REV:XA 无铅 | 1 | |
| 10 | GPS 天线 GPS10D-D3-88-A/27DB/3.3V/-40℃～90℃ 无铅 | 1 | |
| 11 | W2 包装组件(无铅) | 1 | |
| 12 | W2 导航 系统 说明书 | 1 | |
| 13 | 东风标致质量担保卡 | 1 | |
| 14 | 产品合格证 | 1 | |
| 15 | 束线带(PA66) DM708 YJ-102(白色) | 18 | |
| 16 | 防震海绵(灰色) 150 mm×80 mm | 10 | |
| 17 | 防震海绵(黑色) 50 mm×80 mm | 2 | |
| 18 | 易图通 EMG 数据升级 刮刮卡 | 1 | |
| 19 | 手写笔 金属拉伸外挂笔/m88/收缩总长 62 mm±0.3 mm/拉伸总长 103 mm | 1 | |

(2) 仪表板中央面板总成。

大部分汽车车载多媒体导航系统面板面积较大,而原来汽车上的仪表板面积较小。为了让汽车车载多媒体导航系统与原车统一,很多厂家同时开发了与导航系统和车型相配套的面板,以供安装时选用。

(3) 其他常用材料。

需要用到的其他材料有绝缘胶布、捆扎线、保护垫布、线组等。

**引导问题 4　怎样安装汽车车载多媒体导航仪?**

多媒体导航仪的安装方法需要根据产品型号及汽车型号来定。下面我们以东风标致 508 车载多媒体导航系统为例，介绍汽车车载多媒体导航系统典型的安装步骤：

（1）检查多媒体导航系统是否与车型匹配，并清点配件是否齐全，再仔细阅读安装说明。通过安装说明我们可以清楚地知道本系统各部件的安装位置和系统连接情况，如图 5 - 6 - 1 和图 5 - 6 - 2 所示。

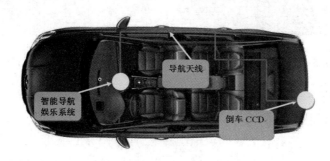

图 5 - 6 - 1　各部件安装位置

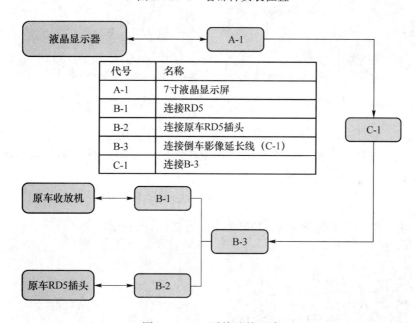

图 5 - 6 - 2　系统连接示意

（2）安装前将车身电瓶负极断掉，防止不断电拆除 C - 屏或者拔掉导航主机插头时出现发动机故障临时报警。

（3）用专业拆饰板套件将原车上的面板拆下，如图 5 - 6 - 3 所示。

（4）用拆饰板套件将原车上的面罩拆下，如图 5 - 6 - 4 所示。

图 5-6-3　拆卸面板　　　　　图 5-6-4　拆卸原液晶显示面罩

(5) 将原车上的按键面罩拆下，然后将上方的 2 颗固定螺丝拧松，用拆饰板敲松面罩左右两侧，然后取下面罩，如图 5-6-5 所示。

(6) 将 RD5 上的 2 颗固定螺丝拆下，如图 5-6-6 所示。

图 5-6-5　拆卸原多媒体系统面罩　　　图 5-6-6　拆卸 RD5 主机

(7) 拆下手套箱下的内饰板（图 5-6-7），用于安装蓝牙麦克风线束、摄像头延长线束、导航天线。安装好之后将多余的线束用泡棉胶固定在手套箱下方并将盖板复原。

(8) 拆下内饰板之后，找到摄像头线束的出口，如图 5-6-8 所示。

图 5-6-7　拆卸内饰板　　　　图 5-6-8　摄像头线束的出口

(9) 拆下后备厢的内饰板，如图 5-6-9 所示。

(10) 拆下牌照灯上的线束，如图 5-6-10 所示。

图5-6-9 拆卸后备厢内饰板　　图5-6-10 拆卸牌照灯线束

（11）将导航天线固定在车柱上，如图5-6-11所示。

（12）将车柱上及门栏上的装饰板拆下（图5-6-12）。摄像头线束按原车线束走线。安装好之后将饰板复原。

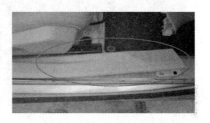

图5-6-11 固定导航天线　　图5-6-12 门栏上的装饰板

（13）拆下车上的牌照灯，并将小灯安装在摄像头端子上，如图5-6-13所示。

（14）将24PIN端子与显示屏对接，原车USB线与显示屏对接，如图5-6-14所示。

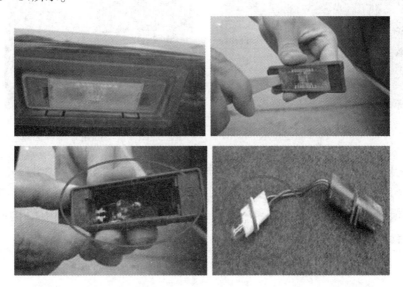

图5-6-13 安装小灯

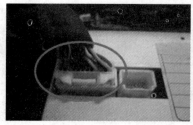 

图 5 - 6 - 14 连接显示屏

（15）将原车线束与系统线束对接，收音机天线与 RD5 对接，并将 RD5 复原，如图 5 - 6 - 15 所示。

图 5 - 6 - 15 连接线束

（16）将螺丝垫固定在车架上，并将 7 英寸①显示屏用 4 颗螺丝钉固定，如图 5 - 6 - 16 所示。

（17）用 2 颗螺丝钉将面罩加以固定，如图 5 - 6 - 17 所示。

图 5 - 6 - 16 固定显示屏　　　　图 5 - 6 - 17 固定显示屏面罩

（18）将面罩固定好之后，将面板卡上即可，如图 5 - 6 - 18 所示。

（19）将蓝牙麦克风安装在原车顶棚位置，如图 5 - 6 - 19 所示。其线沿着顶棚与车固有的线束捆绑，再沿着车 A 柱过手套箱底部到中控 RD5 主机位置与转接线对接。

---

① 1 英寸 = 2.54 厘米。

图 5-6-18 安装面板

图 5-6-19 安装蓝牙麦克风

（20）安装摄像头的延长线，并与原车线用扎带捆好，如图 5-6-20 所示。

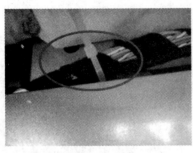 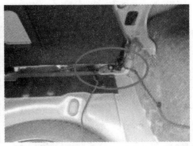

图 5-6-20 摄像头延长线

（21）将后排座椅向上抬起，将摄像头线束沿座椅下方穿至后备厢，如图 5-6-21 所示。

（22）将胶皮套取下，用镊子将胶皮套撑开，并将线束从胶皮套中穿过后与端子相接，连接后与其延长线对接，并用胶带将开口封好，如图 5-6-22 所示。

图 5-6-21 打开后排座椅　　　　图 5-6-22 延长线的安装

（23）将摄像头延长线与车身用防震海绵固定，如图 5-6-23 所示。

（24）安装摄像头与车身上的连接件，如图 5-6-24 所示。

图5-6-23 延长线的固定　　　图5-6-24 安装摄像头

（25）将牌照灯上的电源线对接，如图5-6-25所示。

（26）将摄像头线束沿牌照灯孔穿入沿原车线束走向与保险杠内侧线束用束线袋扎在一起，如图5-6-26所示。

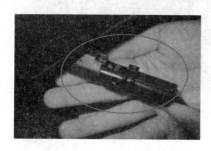 

图5-6-25 连接牌照灯的电源　　　图5-6-26 摄像头线束的安装

（27）将摄像头与显示器安装好之后的效果如图5-6-27和图5-6-28所示。

图5-6-27 后视摄像头　　　图5-6-28 七寸显示器

（28）硬件安装完成后进行系统调试：

首先，激活导航系统，步骤如下：

① 设备首次启动后即显示激活画面，如图5-6-29所示。

② 用户输入激活卡上的激活号码即可正常使用导航程序，如图5-6-30所示。

③ 激活码输入成功后即进入地图画面的主界面，如图5-6-31所示。

图 5-6-29 激活界面

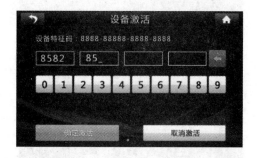

图 5-6-30 输入激活码界面

图 5-6-31 主界面

其次,调试导航系统,步骤如下:

① 系统开机画面,如图 5-6-32 所示。

图 5-6-32 开机界面

· 187 ·

② 在 15 秒内将出现主界面，显示包括：时间和日期、多功能区域（界面右边）、卫星显示，单击屏幕右边多功能区域可进入导航全屏画面。当启动了其他功能，如音乐播放时，系统即返回至主界面，右边多功能区域则为收音机播放预览画面，如图 5-6-33 所示。

图 5-6-33　主界面

③ 单击屏幕右下角的 ▶ 图标可进入主菜单画面，显示包括：时间和日期、卫星显示，以及各主要功能的选择按钮，如图 5-6-34 所示。

图 5-6-34　主菜单界面

④ 单击屏幕上的功能图标即可进入相应的功能界面，如图 5-6-35 所示。

图 5-6-35　功能界面

⑤ 单击"导航"，进入特别提醒界面，如图 5-6-36 所示。下次登录时，无须再次输入激活码，系统将直接进入特别提醒界面。在特别提醒界面中，需要阅读并理解提醒事项。在明确提醒事项后，单击"同意"按

钮，会进入"导航服务"界面，如图 5-6-37 所示。

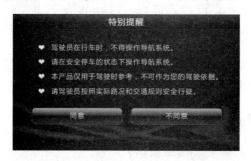

图 5-6-36 提醒界面

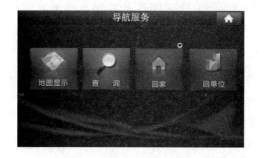

图 5-6-37 导航服务界面

⑥ 设定目的地，如图 5-6-38 所示。

图 5-6-38 设定目的地界面

⑦ 单击界面中卫星样式的按钮可以查看 GPS 相关信息，如图 5-6-39 所示。

图 5-6-39 GPS 信息界面

⑧"蓝盒子"主要指东风标致品牌的维修店信息,通过它可以方便地查询各地的维修厂。其他功能可以根据画面文字说明进行使用,在此不再赘述。

(29)检查并还原所拆部件,整理清洁车辆,向车主交代使用说明,最终完成系统的安装。

## 三、知识与能力拓展

**引导问题5** 如何安装倒车雷达?

倒车雷达是汽车泊车或者倒车时的安全辅助装置。它的主要作用是在倒车时,能以声音或者更为直观的显示告知驾驶员周围障碍物的情况,解除了驾驶员泊车、倒车和起动车辆时前后左右探视所引起的困扰,并帮助驾驶员扫除视野死角和视线模糊的缺陷,提高驾驶的安全性。倒车雷达由超声波传感器(俗称探头)、控制器和显示器(或蜂鸣器)等部分组成,如图5-6-40所示。

倒车雷达的安装方式有如下两种:

1. 粘附式安装

将探头直接粘贴在保险杠上,不需在车体上开孔,但安装后看起来不太美观,已经基本不用。

2. 内嵌式安装

将探头通过开孔的方式安装在保险杠上,一般原车探头多采用此方法。安装时应注意探头的颜色与车身的颜色相符,如图5-6-41所示。

图5-6-40 倒车雷达　　　图5-6-41 安装在保险杠的探头

## 四、评价与反馈

(1)对本学习任务进行评价,如表5-6-2所示。

表 5-6-2 汽车车载多媒体导航系统安装操作考核评价表

| 考核项目 | 评分标准 | 分数 | 学生自评 | 小组互评 | 教师评价 | 备注 |
| --- | --- | --- | --- | --- | --- | --- |
| 团队意识 | 是否能相互协助 是否能顾全大局 | 10 | | | | |
| 工作态度 | 是否积极、认真、负责 | 10 | | | | |
| 现场 5S | 是否在整个工作过程中贯穿 5S | 10 | | | | |
| 方案设计 | 是否能结合具体的条件、环境进行合理的设计 | 10 | | | | |
| 操作过程 | 工具、设备、材料的准备是否充分 导航系统的安装是否符合规范 | 35 | | | | |
| 操作结果 | 质量是否符合要求 | 5 | | | | |
| 安全规范 | 有无违规或危险的操作 | 10 | | | | |
| 知识与能力拓展 | 是否具有自学与发展能力 | 10 | | | | |
| 总分 | | | | | | |
| 教师签名 | | | | | | |

（2）在实施作业过程中，有哪些需要注意和总结的事项？

# 参考文献

[1] 赵俊山,路永壮. 汽车美容与装饰[M]. 北京:机械工业出版社,2019.
[2] 冯培林. 汽车美容装饰入门与操作技巧[M]. 北京:化学工业出版社,2018.
[3] 李昌凤. 汽车美容与装饰完全图解(第2版)[M]. 北京:机械工业出版社,2018.
[4] 人力资源和社会保障部. 汽车美容[M]. 北京:中国劳动社会保障出版社,2015.
[5] 中国汽车维修行业协会. 车身涂装[M]. 北京:人民交通出版社,2014.
[6] 周燕. 汽车美容与装饰[M]. 北京:机械工业出版社,2010.
[7] 姚时俊. 汽车美容经验谈[M]. 北京:机械工业出版社,2007.
[8] 姚时俊. 汽车美容[M]. 北京:机械工业出版社,2016.
[9] 易建红. 汽车涂装工艺[M]. 北京:人民交通出版社,2012.